STEVE JOBS

Jessie Hartland

STEVE JOBS

INSANAMENTE GENIAL

Uma biografia em quadrinhos

Tradução
André Conti

4ª reimpressão

SEGUINTE
O selo jovem da Companhia das Letras

O selo Seguinte pertence à Editora Schwarcz S. A.

Grafia atualizada segundo o Acordo Ortográfico da Língua Portuguesa de 1990, que entrou em vigor no Brasil em 2009.

Título original
STEVE JOBS: INSANELY GREAT

Projeto gráfico de capa
ELISA VON RANDOW (INSPIRADA NA CAPA ORIGINAL, DE RACHEL COLE)

Foto de capa
NORMAN SEEF

Preparação
MARIANA DELFINI

Revisão
VIVIANE T. MENDES
LUCIANA BARALDI

Composição e tratamento de imagem
AMÉRICO FREIRIA

Dados Internacionais de Catalogação na Publicação (CIP)
(Câmara Brasileira do Livro, SP, Brasil)

Hartland, Jessie.
Steve Jobs : insanamente genial / uma biografia em quadrinhos; tradução André Conti — 1ª ed. — São Paulo: Seguinte, 2016.

Título original: Steve Jobs : Insanely Great.
ISBN 978-85-65765-91-6

1. Engenheiros de computação — Estados Unidos — Biografia 2. Engenheiros de computação — Estados Unidos - Biografia — Histórias em quadrinhos 3. Histórias em quadrinhos 4. Jobs, Steve, 1955-2011 5. Jobs, Steve, 1955-2011 — Histórias em quadrinhos 6. Literatura infantojuvenil. I. Título.

15-08626 CDD-741.5

Índice para catálogo sistemático:
1. Engenheiros de computação: Biografia: Histórias em quadrinhos 741.5

2019

EDITORA SCHWARCZ S.A.
Rua Bandeira Paulista, 702, cj. 32
04532-002 — São Paulo — SP — Brasil
Telefone: (11) 3707-3500
www.seguinte.com.br
contato@seguinte.com.br

/editoraseguinte
@editoraseguinte
Editora Seguinte
editoraseguinteoficial

Este livro é para
o meu filho, Sam —
apaixonado por
torta de maçã e
também por produtos
não comestíveis
da "maçã".

Sumário

Isto é para os loucos. Os desajustados. Os rebeldes. Os criadores de caso. Os que são peças redondas em buracos quadrados. Os que veem as coisas de maneira diferente. Porque as pessoas que são loucas o suficiente para achar que podem mudar o mundo são as que, de fato, o mudam.

S. J.

Linha do tempo

a viagem
é a recompensa

S. J.

STEVE JOBS

Ele era curioso. Era obstinado e NÃO gostava de seguir regras. Largou a faculdade depois do primeiro semestre e fez um curso de caligrafia. Começou a Apple Computer na garagem dos pais e ela se tornou a empresa mais valiosa do mercado. Ele era um nerd e um artista.

Ele nos trouxe os produtos mais DESCOLADOS e desejados, e filmes como *Toy Story*, *Up: Altas aventuras* e *Procurando Nemo*. Como foi que um rebelde desses se transformou no maior executivo do mundo? Esta é a história de Steve Jobs.

capítulo 1

O jovem rebento (1955-1965)

Steve nasceu em San Francisco, na Califórnia, em 1955.
Seus pais biológicos eram um casal de namorados universitários.
Eles deram Steve para adoção.
Mais tarde, se casaram e tiveram uma filha, que criaram; depois se divorciaram.

Steve foi adotado por Clara e Paul Jobs.

Incapazes de ter um filho, eles ficaram muito empolgados com o garoto. Dois anos depois, adotaram uma menina, Patty.

Steve cresceu no Vale de Santa Clara (atualmente Vale do Silício*), ao sul de San Francisco.

Eles moram numa casa planejada, inspirada no estilo do incorporador Joseph Eichler: simples, moderna, suburbana.

* Um elemento químico comum, encontrado na areia e no vidro, usado para fazer equipamentos de alta tecnologia.

Steve era travesso desde pequeno. Era um grande desajustado. No ensino fundamental ele resolveu colar uns pôsteres pela escola:
Traga seu ANIMALZINHO para a escola!
Amanhã!
Ha Ha
P Q R S T U V W X Y Z
O dia seguinte foi uma LOUCURA.

Paul Jobs era mecânico. Ele fazia protótipos para empresas de tecnologia e seu passatempo era consertar carros.
FERRO-
-VELHO
FORD

Steve e seu pai gostavam de fazer experimentos na oficina. Visitavam ferros-velhos nos fins de semana e recolhiam peças e pedaços de carro para os projetos que inventavam na garagem.
FORD

... é um lugar abarrotado e barulhento, com centenas de empresas de tecnologia, que empregam milhares de pessoas. Os Estados Unidos estão em plena Guerra Fria, numa corrida espacial contra a União Soviética. Os russos vivem numa sociedade comunista, considerada uma ameaça ao capitalismo americano.

Como em 1957 lançam o Sputnik, o primeiro satélite orbital, os soviéticos disparam na frente. Na tentativa de alcançá-los, o governo americano começa a financiar uma grande quantidade de fabricantes de armamentos, que passam a experimentar novas tecnologias espaciais e armamentistas. Essas empresas do Vale do Silício são parte do chamado complexo militar-industrial.

FORD
A vizinhança do Steve é cheia de engenheiros que trabalham em lugares como Nasa, Westinghouse e Lockheed Mísseis.

Existe um clima de mistério e intriga no ar.
NASA
FORD

Empresas que começaram pequenas, nas garagens de algumas casas, como a vizinha Hewlett-Packard, estão se tornando gigantes. Pequenas novas empresas estão surgindo no bairro do Steve.
Um dia elas serão enormes.
Steve e seu pai fazem bom uso da garagem deles.

Steve até tem sua própria bancada de trabalho.

Num fim de semana qualquer, eles estavam construindo uma cerca de madeira ao redor do quintal.
Até as partes que não aparecem devem ser bem-feitas e bonitas.
Tá bom, pai.
Um bom acabamento é importante para o pai do Steve.

Steve gosta de montar kits do tipo "faça você mesmo". Isso faz com que ele sinta que pode construir QUALQUER COISA.
construtor mirim
URSS
Satélite kit
CARRO modelo
alto-falante KIT

Steve fica sabendo ainda bem pequeno que é adotado.
Isso significa que minha mãe e meu pai verdadeiros não me quiseram?
Seus pais o tranquilizam:
Nada disso, querido.
Você é especial.
Nós o amamos muito.
Mas, mesmo com essas afirmações, a ideia de abandono vai assombrar Steve para sempre.
ESCOLHIDO
ESPECIAL
ABANDONADO

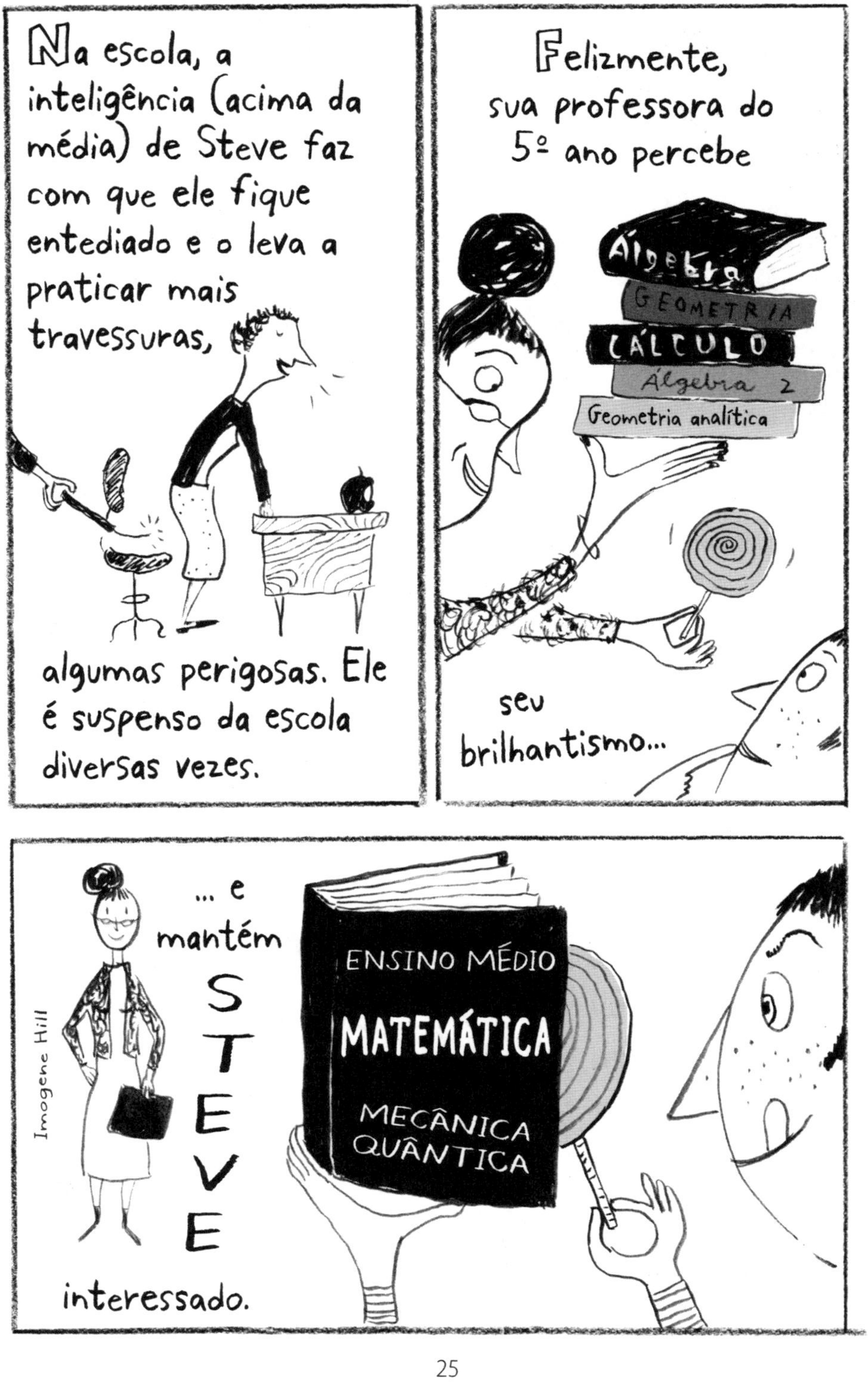
Na escola, a inteligência (acima da média) de Steve faz com que ele fique entediado e o leva a praticar mais travessuras,
algumas perigosas. Ele é suspenso da escola diversas vezes.
Felizmente, sua professora do 5º ano percebe
Álgebra
GEOMETRIA
CÁLCULO
Álgebra 2
Geometria analítica
seu brilhantismo...
... e mantém STEVE interessado.
Imogene Hill
ENSINO MÉDIO
MATEMÁTICA
MECÂNICA QUÂNTICA

Extrovertido e sempre curioso, Steve faz amizade com alguns engenheiros da vizinhança.
Steve, estou feliz que você esteja aqui. Deixa eu te mostrar um negócio.
LEGAL.
bateria
microfone de carbono
alto-falante
Ei, pai! O sr. Lang consegue amplificar usando apenas um microfone de carbono, bateria e alto-falante.
Não, filho. Isso não é possível. Você entendeu errado.
Puxa vida, meu pai não sabe de tudo.
Viu? Eu te disse!
Que coisa!
Está para nascer um moleque mais esperto, Paul.
VEJA
VEJA
VEJA!

capítulo 2

Crescendo

(1965-1971)

Enquanto Steve vai crescendo, seus pais continuam estimulando sua curiosidade...
STEVE
Kit
Faça seu próprio
RÁDIO
HALLICRAFTERS
e o mimando...
Kit
Stereo Pre AMP
Construa sua TV
KIT
Gravador: construa!
Kit
e fazendo com que ele se sinta especial.

As tecnologias ainda são muito básicas.
Estes discos de vinil, chamados de LPs, contêm apenas algumas músicas e são tocados num aparelho...
Os LPs são transportados numa bolsa como esta.

... toca-discos elétrico.
Discos grandes chamados de LP de "Long Play" — 33,3 rotações por minuto —, têm u furo pequeno.
Beatles
HEATHKIT
A te
Rádios transistorizados
made in Japan
Discos compactos, chamados de 45 — com velocidade de 45 rotações por minuto —, têm um furo grande.
traquitan
ano
Os jogos são todos Candy Land de tabuleiro.
Essas pequenas antenas são chamadas de agulhas de crochê.
Alguma TVs tê tela redonda
I LOVE LUCY
A maioria das TVs é em preto e branco, sem controle remoto.
(Tal qual o Wi-Fi de hoje em dia, a imagem da TV chega pelo ar.)

ologia

os

960

Todos os telefones têm roda de discagem e fio.

Nada de celulares.

Câmeras precisam de filme e revelação.

Se você precisa escrever alguma coisa importante, use uma máquina de escrever.

Para corrigir os erros, você usa um corretor ou tinta.

Ninguém tem computador em casa.

Nada de internet.

Nada de Google.

Se você precisa aprender alguma coisa, você tem que...
BIBLIOTECA
LOS ALTOS

... procurar num livro.
ELETRÔNICA POPULAR
Física Projetos
Eletricidade
Máquinas
MÚSICA
Sua casa por dentro
ARTE
Aerodinâmica
QUÍMICA
Mecânica quântica
Física
O SOM
1962
1963
PM
PM
MECÂNICA POPULAR

Quando Steve tem doze anos, ele resolve construir um medidor de frequência,* que vai ajudá-lo nos projetos eletrônicos.
Projetos em Eletrônica
POP
* Um equipamento que mede, em número de pulsos por segundo, um sinal eletrônico.

Mas ele precisa de algumas peças importantes. Steve não é tímido. Ele procura o telefone do seu vizinho, um dos fundadores da Hewlett-Packard, na lista telefônica.
Poderia falar com o sr. Bill Hewlett?
ÓLEO
Hewlett dá a Steve as peças de que ele precisava e, no verão, oferece a ele um estágio de férias.

Steve trabalha numa linha de montagem fabricando medidores de frequência.
Nos três verões seguintes, ele entrega jornais e trabalha numa grande loja de eletrônicos.
HEWLETT-PACKARD
H-P
Star Trek
HALTEK
Ele economiza seu dinheiro e, quando faz quinze anos, compra seu primeiro carro,
HALTEK
um Nash Metropolitan.

Steve curte as músicas do momento.
BOB DYLAN
ful Dead
of the SUN
ISTIC PILLOW
Everybody must get...

Ele lê pilhas de livros, tanto antigos quanto novos.
REI LEAR
MOBY DICK
Dylan Thomas
Platão
E usa drogas.
Blonde on Blonde

A aula de eletrônica no ensino médio é sensacional.

Steve aprende a criar shows de luzes usando lasers,
Bacana pacas.
Muito transado.
Maneiro.
Dylan
um grande sucesso nas festas.

Através de um amigo de classe, Steve conhece outro Steve — Stephen Wozniak, vulgo Woz.

Eles têm muito em comum.

Neste momento, Steve está no fim do ensino médio.

Woz é quatro anos mais velho e já está na faculdade vizinha, a de Berkeley. Ele é um verdadeiro gênio da tecnologia, é tímido e de natureza doce.

Neste mesmo ano Steve conhece a garota que será sua primeira namorada séria.
Chrisann Brennan
Eles criam um filme de animação juntos...
BOLEX
... e com Woz fazem bicos animando festas infantis por 3 dólares a hora
MAD Hatter
WESTGATE SHOPPING MALL
nos shoppings locais.

capítulo 3

Steve, Woz e seu primeiro empreendimento

(1971)

Certo dia, Steve e Woz leram numa revista um artigo chamado "Segredos da pequena Blue Box". Uma Blue Box [caixa azul] é um equipamento feito em casa que replica os sons usados pela companhia telefônica para conectar chamadas de longa distância. Isso é ilegal.
Se você consegue replicar esses tons...
... você consegue enganar o sistema da companhia telefônica e fazer chamadas de longa distância grátis.
Os segredos
BLUE
da peq
BOX
por Ron Rosenbaum
ESQUIRE
Outubro
1971
Nós podemos...
... fazer isso.

Em 1971, fazer chamadas de longa distância era muito caro.
Um hacker apelidado de Capitão Crunch foi mais esperto que a companhia telefônica ao imitar os principais tons usando um apito que veio numa caixa de cereais.
Cap'n Crunch
Outros hackers telefônicos
usam pássaros exóticos.
Nós podemos tentar construir nossa própria versão da Blue Box.
De acordo com este texto, tudo que precisamos saber está num artigo técnico que podemos achar na biblioteca.
Vamos nessa!
Esses equipamentos não funcionariam com o sistema telefônico atual.

A companhia telefônica já havia solicitado que todas as bibliotecas retirassem esses artigos de suas prateleiras...
CCITT
... ou que eliminassem as páginas com os códigos dos tons.
CCITT
Mas Steve e Woz conheciam uma biblioteca obscura, que deveria ter o artigo intacto.
BIBLIOTECA
ACELERADOR LINEAR DE STANFORD
Entrada de funcionários
Eles a invadiram num domingo, quando a biblioteca estava fechada.
Você acha que ainda vai estar lá?

Muito maneiro!
Tone Coder
CCITT
SIM!!
BIBLIOTECA Los Altos
Deram uma lida...
... fizeram algumas compras...
Sunnyvale Eletrônicos
... e no Dia de Ação de Graças o protótipo da Blue Box estava pronto para testes.
RADIO Shack
Vai funcionar?

É da Itália?
Nós queremos falar com o papa.
Posto
Ha
Ha
Sim, aqui é do Vaticano...
... mas o Papa está dormindo.
Funciona!

O que acha de construirmos mais algumas para vender?
Acha que devemos?
shoyu
DEW
Por que não? As peças custam uns 40 dólares e podemos vender por uns 150.
Mountain DEW
Steve se certifica de que as Blue Boxes eram simples o suficiente para que todos pudessem usar, não apenas os entendidos de eletrônica.
Eles vendem aqui e ali, até que algo realmente desagradável acontece...

Eles são roubados!
Nós queremos uma dessas traquitanas e não vamos pagar por isso!
Passem já pra cá, rapazes.
PIZZA
Isso acabou com o negócio deles.

Mas Steve e Woz descobriram que adoravam
Posto
RESTAURANTE
trabalhar juntos.

capítulo

4

UNIVERSIDADE e

iluminação (1972-1974)

Os pais do Steve querem que ele vá para a universidade, mas Steve ainda não tem certeza se quer.
Steve, querido?
SF State
U.C. Berkeley
De Anza Comm. College
Por questões econômicas, eles preferem que ele escolha uma universidade pública.
Ele quer algum lugar "artístico" e se inscreve em apenas uma universidade, uma particular bem cara.
REED
Em setembro de 1972, parte para a Universidade Reed, em Portland, Oregon.
REED
Depois de um semestre, ele abandona o curso.
É muito cara. E eu quero estudar só o que quero estudar, não todas essas outras coisas.
Maneiro.
Tô ligado, cara!
Dan Kottke

No entanto, ele continua circulando pela universidade, participando de um ou outro curso. Ele gosta especialmente de uma aula de Caligrafia

Para ganhar algum dinheiro, ele devolve garrafas de refrigerante e recebe 5 centavos por casco.

1974
Steve deixa a universidade e passa um tempo numa comunidade, dentro de uma plantação de maçãs em Oregon.
Ele se especializa na arte da poda: cortar e aparar as árvores para que cresçam mais fortes.

Ele
se
torna
vegetariano
e come
tantas
cenouras
que sua pele
fica laranja!
Por causa dessa
dieta, ele
(erroneamente) acredita
que não precisa tomar
muitos banhos.

Depois de dezoito meses em Oregon,
CALIFÓRNIA
Steve volta para casa...
... e tenta arrumar um emprego...
CLASSIFICADOS
CLASSIFICAD
Divirta-se! Ganhe dinheiro!
TECH
... na Atari, uma fabricante de jogos eletrônicos.
RECEPÇÃO
Não saio daqui até ser contratado.
Nolan Bushnell, presidente
Quem é esse garoto?

Ele é contratado como técnico por 5 dólares a hora,
ATARI
CAMPAINHA NOTURNA
mas, como nunca toma banho, é transferido para o solitário turno noturno.

Steve trabalha no desenvolvimento de jogos. Como todos os jogos eletrônicos de 1974, os da Atari são simples: não precisam de manual de instruções.
ATARI
ESTEJA AQUI AGORA
jogo
Steve gosta muito disso.

Por volta de 1970 — Jogos eletrônicos operados por moeda

todos apenas em P&B

PONG

Primeiro videogame de sucesso comercial. Como um tênis de mesa na tela.

SPACE RACE

Dois jogadores, cada um controla um foguete, que deve desviar de obstáculos.

TANK

Jogadores guiam seus tanques em um labirinto, atirando nos obstáculos.

Esses jogos ficavam apenas nos fliperamas, já que as pessoas ainda não possuíam computadores em casa.

Desde que era adolescente, Steve se olhava no espelho de manhã e perguntava:
Se hoje fosse o último dia da minha vida, será que eu faria o que estou prestes a fazer?
E quando a resposta era "NÃO" por muitos dias seguidos, ele sabia que precisava mudar alguma coisa.
CRUST

Vou procurar meu guru!
Vai fazer O QUÊ?
Vou sair numa aventura para tentar descobrir quem eu sou.

E lá vai ele para a...
Viva cada dia como se fosse o último, e um dia eu estarei certo.

ÍNDIA!
Ele viaja pelo país com seu amigo Dan, vivendo com pouco.
Expanda o momento.
Délhi
Busque a iluminação.
Siga seu instinto.
Bombaim
Procure a simplicidade.
ÍND
Budismo

INTUIÇÃO
Acalme a mente.
Calcutá
Autobiografia de um iogue
GOLFO DE BENGALA
Por que estou aqui na Terra?
Ignore as distrações.
OCEANO ÍNDICO

Após sete meses, Steve volta para a Califórnia.
AIR INDIA
Steve, é você?
Não pode ser...
Seus pais não o reconhecem.

Steve gosta de fazer grandes caminhadas enquanto pensa.
ÍNDIA
Acalme a mente.
Simplicidade
Ignore as distrações.
LIVROS
café
HEAD SHOP
SHOES

Ele ainda se sente inquieto.
COMIDA NATURAL
SALÃO DE BELEZA
VELAS
Me pergunto se preciso viajar novamente, por toda parte?
Você conhece o ditado zen: "Se você deseja viajar ao redor do mundo para encontrar um professor, um aparecerá na porta ao lado".

De fato, Steve conhece um mestre zen local.
Devo viajar novamente, por todos os lugares, ou devo continuar trabalhando na indústria da tecnologia?
EST
Terapia do Grito Primal
BOM PLANETA restaurante
CENTRO ZEN LOS ALTOS
todos os tamanhos
COLCHÕES D'ÁGUA
Armazém Santa Clara
GUERRA NÃO!
O mestre zen pensa.
Kobun Chino Otogawa
Continue com a tecnologia, meu jovem.

Capítulo 5

Nasce a Apple

(1975-1976)

Steve medita de manhã, frequenta aulas de física na Universidade de Stanford à tarde,
ESTEJA AQUI AGORA
PLANETA
TERRA
catálogo
Continue faminto.
Continue louco.
FÍSICA
Mecânica popular
computador Altair
1975
sonha em abrir seu próprio negócio e depois volta para trabalhar na Atari.

Seu chefe dá muitos conselhos.
Finja que está completamente no controle e as pessoas vão achar que você está.
Não aceite NÃO como resposta.
Enquanto isso, na Hewlett-Packard, Woz está frustrado desenvolvendo calculadoras.
Ele tem uma nova ideia.
Este é o protótipo de algo que chamo de computador doméstico.
Não estou interessado.
Não é um computador de verdade.
É apenas para aficionados.
A HP pode não ter gostado da ideia do Woz, mas Steve gostou.
Insanamente genial! Vamos começar um negócio!

Uma (muit
HIS
do
antes
1801
Jacquard Loom Manta
Cartões perfurados
(Cartões perfurados depois usados na computação)
(um dos primeiros equipamentos programáveis)
Origem da palavra "bug": quando um dos primeiros computadores parou de funcionar, uma mariposa foi encontrada dentro dele, e "bug" signific
inseto em inglês.
Usado no censo americano de 1890
HOLERITE
Sistema de tabulação eletrônica.
ENIAC
1940
Usado na Segunda Guerra Mundial para calcular trajetórias de mísseis.
Alguns dos primeiros computadores foram usados pelo governo americano para ajudar no censo.

REVE
TÓRIA
computador
975

1935

ENIGMA

Máquina alemã de encriptação.

Quebrar códigos inimigos era um grande desafio para os aliados durante a Segunda Grande Guerra.

1962

Computador Guia de Milícias

ICBM

Míssil Intercontinental

Ainda mais usos militares

Microprocessador 1971

Permite que os computadores se tornem mais baratos e menores.

e-mail 1971 Primeira mensagem enviada.

E, ainda assim, em 1975 apenas universidades, grandes companhias e o governo têm computadores.
Eles são ENORMES e ficam separados em áreas chamadas DATA CENTERS.*

Somente pessoal autorizado

* Ou centros de processamento de dados.

Uma equipe especial de operadores trabalha com os computadores.
Parece que o abend estava em SVC principal + AØC, mas não parece estar certo. Não podemos ler a fita de backup por causa dos erros de skew.
Eles vestem jalecos brancos e falam seu dialeto próprio.
DATA CENTER
Ninguém mais é autorizado a encostar nas máquinas.

Quase ninguém tem um computador no trabalho ou em casa.
No começo dos anos 1970, computadores poderosos eram ENORMES, já que a memória ocupa muito espaço.
O computador gigantesco que aparece aqui tem apenas 8 megabytes* de memória.
Em 2015, 64 000 megabytes cabem num telefone celular.
2015
* Mais sobre os bytes nas páginas 82 e 83.

Aos poucos, empresas lançam kits montáveis de microcomputadores.
ALTAIR
minicomputador
O futuro!
Cabe na sua mesa!
Mas eles são direcionados a um público mais especializado, como cientistas...
Exigem uma montagem complicada...
4531 peças!
KIT
973 páginas
Manual do computador
E não fazem realmente MUITA coisa.

Eles também são difíceis de usar, muito feios
Vou deixar escondido aqui.
e praticamente não existem programas para eles.
Humm...
E são MUITO caros.
novo modelo $ $
kit computador
$ $ $

Cada vez mais, Steve e Woz visualizam seu "computador doméstico".
Nós sabemos fazer isto sozinhos...
... e melhor.
LIVROS
Carl's ELECTRONICS
RECORD world
Microcomputadores
Jogos!
Divirta-se!
KITS

Eles resolvem levantar uma grana para comprar as peças e montar o protótipo.
Steve vende sua Kombi por 1500 dólares.
Woz vende sua calculadora Hewlett--Packard por 500 dólares.

Steve e Woz querem que seu computador seja fácil de usar, bem-feito e barato —
como a casa simples e moderna na qual Steve cresceu.

Nós precisamos de um nome para a empresa.
Matrix?
Executek?
Computadores Pessoais S.A.?
São todos sem graça.
BOB'S BIG BOY

Steve se lembra dos seus dias de trabalho na plantação de maçãs.
Los Altos →
101
Que tal APPLE COMPUTER?

1976
O protótipo fica pronto.
Woz é um mago da computação.
APPLE 1
Steve tem 21 anos.
Estanho para solda
Ferro de solda
Circuitos integrados
Resistor
Alicate de corte diagonal
Fio encapado
Cartão adaptador
Capacitor eletrolítico

Steve e Woz se tornam frequentadores ativos do clube de computação local...
família vende tudo
ioga
Restaurante por quilo
piscina
Encontro hoje à noite!
Você está construindo seu próprio computador, terminal, TV?
Venha para o Clube FEITO EM CASA.
coop. de comida
Divido
Nós precisamos mostrar o que temos desta vez!
... e levam seu novo produto para fazer uma apresentação.
FEITO EM CASA Clube de Computadores
É insanamente genial!
Ele tem 8 kilobytes de memória.
Chama-se Apple 1.
Tudo que é necessário está incorporado.
Woz é o gênio da engenharia.
Steve é o vendedor com visão de mercado.

Exceto por um sujeito que era dono de uma pequena cadeia de lojas, o público não ficou impressionado.
Interessante, mantenham contato, rapazes!
Pode apostar!
FEITO EM CASA
SLAC
No dia seguinte, Steve passou na loja...
BYTE Shop
Opa, estou mantendo contato!
... e fez uma venda.
O.K. Eu vou ficar com cinquenta Apples, mas eu não quero Kits de computadores faça-você-mesmo. Eu preciso deles montados.
Paul Terrell
Partes
Claro, o.K. Do jeito que você preferir.

Ei, Woz!
Nós temos um negócio!!!

Uma linha de montagem é armada na casa da família Jobs.
Steve faz as soldas.
Woz monta as placas.
A irmã, Patty, também ajuda. A mãe atende o telefone.
LOVE
Dylan
2066

Outra amiga faz a contabilidade.
Dan empacota os computadores montados em caixas...
... depois que eles são testados pelo pai.
Steve entrega o produto final.

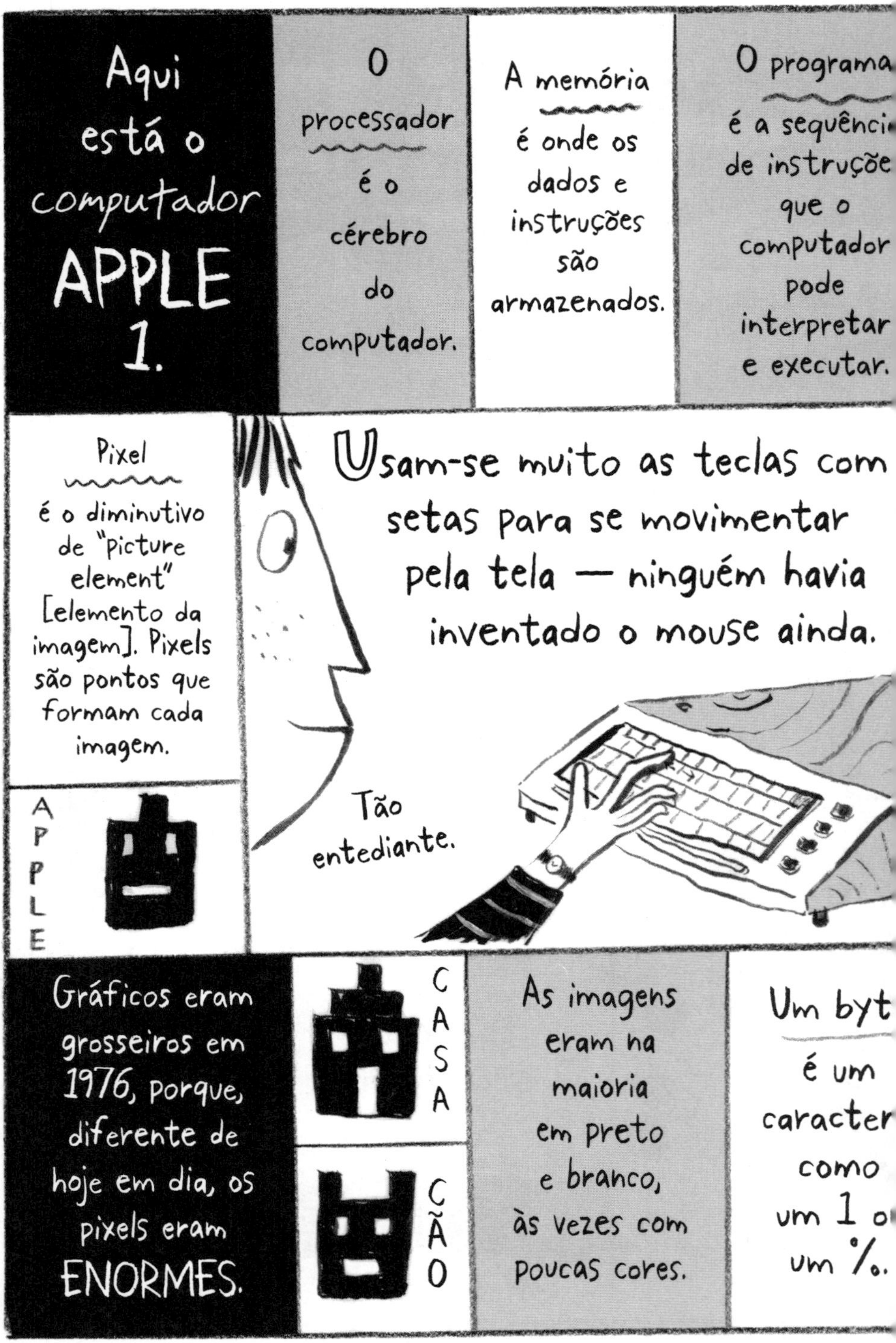
Aqui está o computador APPLE 1.
O processador é o cérebro do computador.
A memória é onde os dados e instruções são armazenados.
O programa é a sequênci de instruçõe que o computador pode interpretar e executar.
Pixel é o diminutivo de "picture element" [elemento da imagem]. Pixels são pontos que formam cada imagem.
APPLE
Usam-se muito as teclas com setas para se movimentar pela tela — ninguém havia inventado o mouse ainda.
Tão entediante.
Gráficos eram grosseiros em 1976, porque, diferente de hoje em dia, os pixels eram ENORMES.
CASA
CÃO
As imagens eram na maioria em preto e branco, às vezes com poucas cores.
Um byt é um caracter como um 1 o um %.

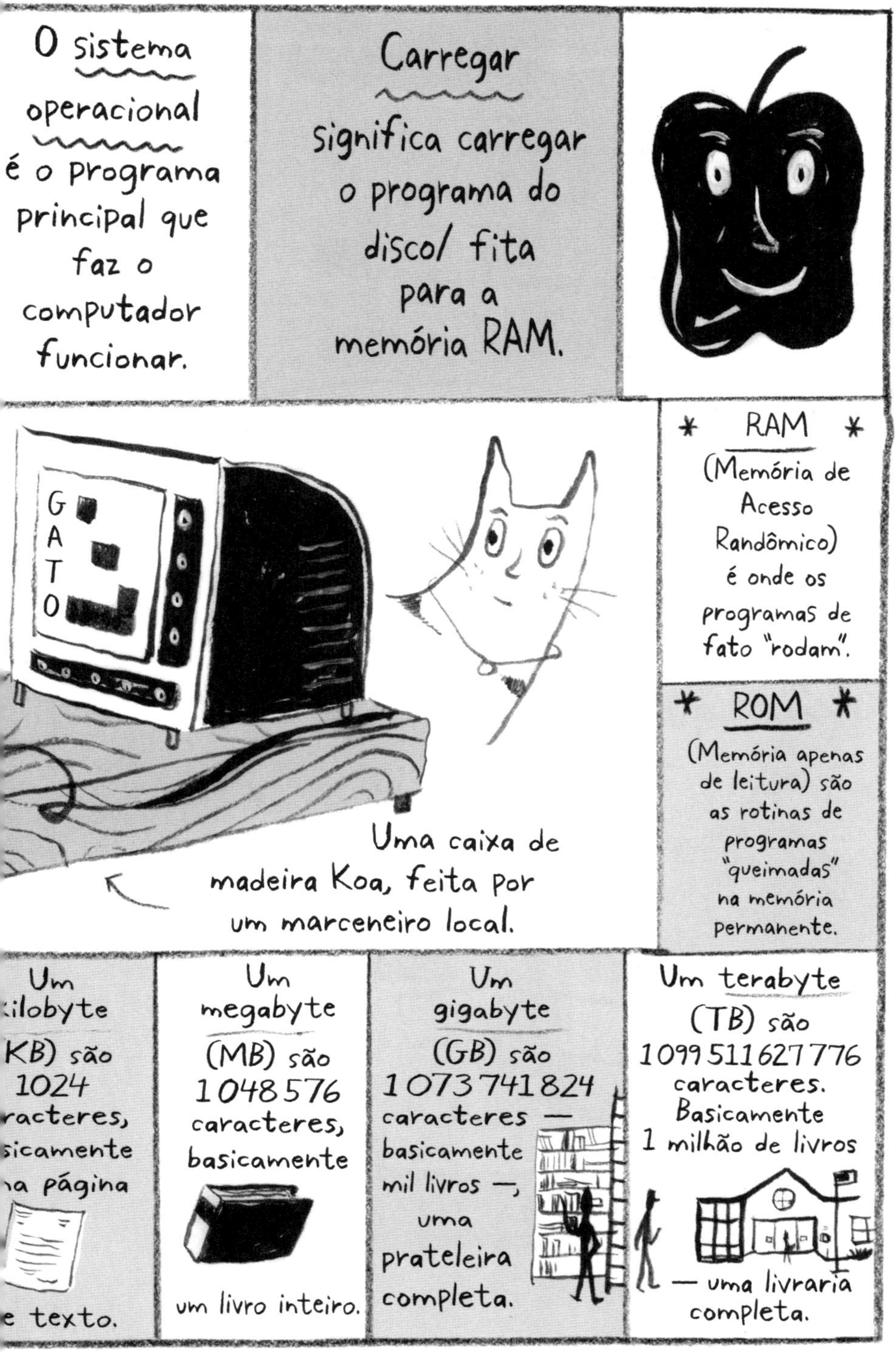
O sistema operacional é o programa principal que faz o computador funcionar.
Carregar significa carregar o programa do disco/ fita para a memória RAM.
GATO
Uma caixa de madeira Koa, feita por um marceneiro local.
* RAM * (Memória de Acesso Randômico) é onde os programas de fato "rodam".
* ROM * (Memória apenas de leitura) são as rotinas de programas "queimadas" na memória permanente.
Um ilobyte KB) são 1024 racteres, sicamente a página e texto.
Um megabyte (MB) são 1 048 576 caracteres, basicamente um livro inteiro.
Um gigabyte (GB) são 1 073 741 824 caracteres — basicamente mil livros —, uma prateleira completa.
Um terabyte (TB) são 1 099 511 627 776 caracteres. Basicamente 1 milhão de livros — uma livraria completa.

Eu não acho que teria acontecido sem o Woz e não acho que teria acontecido sem mim.
Para:
Para: Byte shop
APPLE

Capítulo 6

Para o alto

(1977)

Os Apples estão vendendo, mas apenas para um público limitado de entusiastas e técnicos.
1
Steve e Woz entendem que, para a companhia crescer, eles precisam fazer algumas mudanças. Então...
H-P
2
... eles contratam mais gente. Engenheiros, programadores.
Agora são doze empregados.
3
Eles alugam um escritório nas redondezas,
SONY
APPLE Computadores
Perca peso
em Cupertino.
4
Já que eles precisavam de mais dinheiro, teriam que encontrar um investidor.
Mike Markkula
A Apple agora é avaliada em 5309 dólares.
5
Markkula vai dar dinheiro a eles em troca de uma sociedade na Apple.
6

Steve tem 21 anos, Woz tem 26.
Markulla, com 34, já se aposentou da indústria de tecnologia — é, então, um milionário.
Ele é bom de marketing e vendas e vai ajudá-los a tocar o negócio.
Steve realmente gosta do jeito dele.
Sabe, você jamais deve começar uma empresa com o objetivo de ficar rico. Seu objetivo deve ser fazer algo em que você acredite e construir uma empresa que vá durar.

Nós precisamos lançar o próximo Apple.
Simplicidade. Facilidade de uso.
Rascunhos
O que as pessoas esperam da tecnologia?
Quando a tecnologia oferece novas características, nós temos que embarcar nessa.
MALL
JEAN SCENE
A tecnologia está evoluindo numa velocidade supersônica.

Para o próximo Apple, Steve quer extrapolar o mercado de entusiastas e desenvolver um computador que seja atraente para um público muito maior. Ele deve ser instalado dentro de uma caixa bonita e com teclado incorporado. Isso nunca foi feito antes.

BRAUN
12:10
Steve vai a uma loja estudar o design de vários pequenos eletrodomésticos.

O que há
(Textura falsa de madeira é popular)
Família Dó-Ré-Mi
TV colorida com controle remoto
Rádio-relógio
Videogames domésticos para usar com a TV
Música em cassetes compactos
stereo 8
Sony
Câmeras Polaroid 5X-70

Relógios digitais
O que há de novo nos telefones:
botões de discagem.
Walkie-talkies
Estou na casa da árvore.
O.K.!
Computador Apple 1
Tem uma fumaça na lateral.
10-4!
Rádio de alta frequência VHF
PX - Rádio do Cidadão
Calculadoras domésticas

Enquanto isso, usando toda sua magia, Woz está desenvolvendo o INTERIOR do computador, descobrindo como fazê-lo funcionar melhor e mais rápido.
chips
Ele finalmente abandonou seu emprego na Hewlett-Packard.
Rapazes, vocês precisam de um plano de marketing, um logotipo etc.
?
Imprensa
Logo?
TV
Propaganda
Vocês não podem continuar vendendo essas coisas de porta em porta.

Steve e Woz contratam uma agência de publicidade para ajudá-los a promover a empresa.
azul
Regis McKenna
Um designer chamado Rob Janoff criou o logo.
Ele tem listras do arco-íris.
verde
rosa
Steve gosta desta citação atribuída ao artista Leonardo da Vinci:
"Simplicidade é a grande sofisticação".
amarelo

Tcharam!
O Apple II
1977
É insanamente genial!
Steve
TRS-80
OU "Trash 80"
(Feio! E apenas em P&B)
APPLE II
Ele realmente se destaca dos outros.
Simples.
Atraente.
Elegante.
Apple II

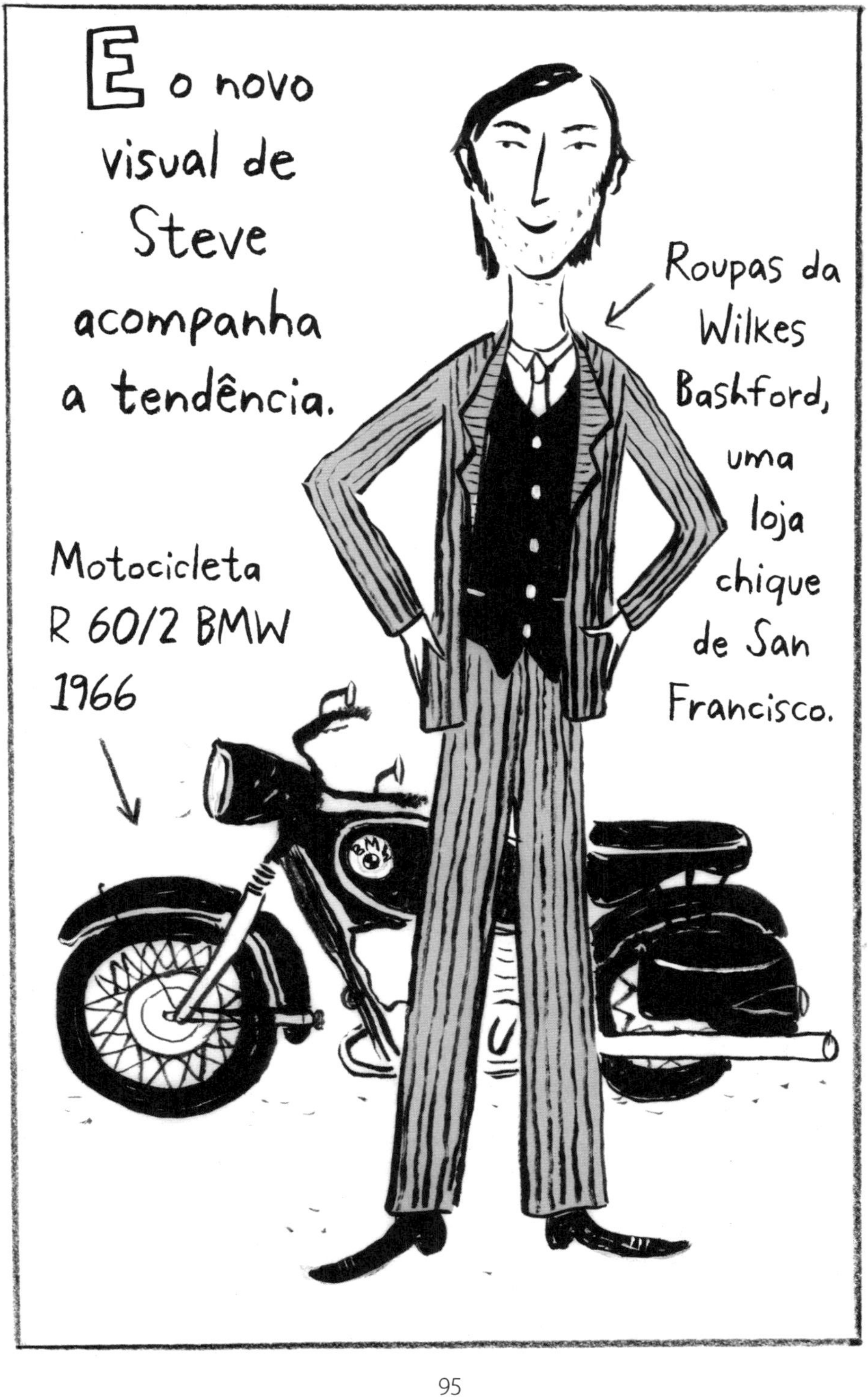
E o novo visual de Steve acompanha a tendência.
Roupas da Wilkes Bashford, uma loja chique de San Francisco.
Motocicleta R 60/2 BMW 1966
BMW

FEIRA de computadores da Costa Oeste 1977
O Apple II é devorado.
A linguagem que ele usa se chama BASIC, então deve ser fácil de usar.
E o preço é justo também.*
OLÁ
Repare: apenas letras maiúsculas, nada de minúsculas.
Nossa, parece tão fácil de usar.
#1298.
Eu gosto das cores e do design. Muito atraente.
Esse programa de finanças pessoais VisiCalc é uma beleza!
Você pode adicionar "cartões" e customizá-los.
Eles recebem trezentos pedidos!
* Aproximadamente 5 mil dólares nos dias de hoje.
As pessoas usam os computadores para cuidar das finanças, controlar estradas de ferro, calcular a velocidade das bolas de futebol, entre outras coisas.

Steve sai da casa dos pais
e vai para a sua própria casa.
Ele tem uma nova namorada.

Woz passa a se envolver bem menos com a Apple.
BERKELEY
Depois de se recuperar de um acidente de avião, ele decide voltar para a universidade.

Steve e Woz lançaram a indústria de computadores pessoais graças à inventividade, ao trabalho duro e ao fato de estarem no lugar certo na hora certa. Ao final de 1978, as vendas da Apple superavam os 79 milhões de dólares.
La Honda Road
Ao longo dos dezesseis anos seguintes, cerca de 6 milhões de Apple II serão vendidos.

capítulo

7

Para a frente

(1978-1981)

Em maio de 1978, Steve descobre que teve uma filha com sua antiga namorada Chrisann. Mas ele se irrita com a responsabilidade e
(O nome da menina é Lisa.)
não quer se envolver.

Ele quer apenas se concentrar em seu novo negócio
e pensar no próximo computador.

1979
O Apple II não será um sucesso para sempre.
Como melhorá-lo?
Por todos os Estados Unidos, e especialmente no Vale do Silício, muitas empresas — grandes e pequenas — empregam cientistas, engenheiros e designers nos laboratórios de pesquisa.
IBM
XEROX PARC
H-P
DEC
BeLL LABS N.J.
NASA AMES
Estão todos ocupados desenvolvendo ideias para o escritório do futuro. A Xerox Parc* está na frente, mesmo não sendo conhecida por fabricar computadores.
* Centro de Pesquisas de Palo Alto.
Steve ouve falar de algumas dessas ideias.
Xerox PARC
UAU!
Incrível
NOVO
Precisamos dar um pulo lá na PARC.
Bill Atkinson, engenheiro da Apple

Ao mesmo tempo, a divisão de investimentos financeiros da Xerox procura a Apple. Eles também querem investir na nova empresa de computadores.
Steve lambe os beiços.
O.K., então esta é a proposta: eu deixo vocês investirem 1 milhão de dólares na Apple se vocês nos mostrarem o que está acontecendo na Xerox Parc. Vocês têm que compartilhar tudo conosco.
Sem problemas.
O escritório de Connecticut não tem a menor ideia do quanto vale a pesquisa feita na Xerox Parc.

A Xerox compra 100 mil ações por quase 10 dólares cada uma. Um ano depois, essas ações da Apple valerão 17,6 milhões de dólares, o que equivale a quase 50 milhões de dólares hoje em dia.
Xerox
E mesmo assim a Apple fica com a melhor parte do acordo.

Steve e sua equipe percorrem os quinze minutos de distância entre o norte de Cupertino e Palo Alto.
xerox PARC
PALO ALTO
Nós a chamamos de GUI.
Avanços na computação
graphical user interface*
rede
programação de objetos orientados
* Interface gráfica do usuário.
Almoço
sobremesa
bolo
torta
pudim
sorvete
menus em cascata
Estas são novas ideias para fazer os computadores do futuro serem mais simples e fáceis de usar. Elas são inovadoras.

Conforme prometido, os cientistas mostram todas as coisas nas quais estão trabalhando.
Regiões
MOUSE
Bitmapping
wysiwyg
What You See Is What You Get*
janelas sobrepostas
xerox ALTO
* O que você vê é o que você recebe.

É chocante!
É APOCALÍPTICO!
Isso é o futuro da informática!
É insanamente genial!
Glass Slipper INN
SEE'S CANDIES
HOT TUBS
POLÍCIA

Eu não posso acreditar que a Xerox não vai lançar seu próprio computador com todas essas coisas legais no mercado. Eles estão sentados numa mina de ouro.
O escritório central está fora de sintonia. Eles estão preocupados apenas com máquinas copiadoras.
Cupertino
Stevens Creek Boulevard
101
Nós podemos fazer muito com isso.
E eles fazem. Essas novas ideias serão aplicadas no próximo computador da Apple.

1980
Em setembro, 130 mil computadores Apple II foram vendidos.
APPLE
APPLE
Agora são mais de 1000 funcionários e a empresa ocupa 15 prédios.

Com as novas tecnologias e ideias da Xerox Parc, e um novo computador a caminho, é hora de abrir o CAPITAL.
À VENDA
$

à venda
A Apple é uma empresa jovem de muito sucesso, com milhares de usuários fiéis, e as pessoas queriam muito poder comprar ações da empresa.
$22
$24
$29
$37
O valor da Apple aumenta rapidamente. Ao fim de dezembro, a empresa é avaliada em 1,79 bilhão de dólares.

O próprio Steve é dono de 26% das ações e agora, aos 25 anos, vale mais de 250 milhões de dólares!
Ei, veja, sou famoso!

Entretanto, ele continua a viver de maneira simples. O ousado jovem empreendedor cerca-se apenas de algumas coisas de bom design.
TIME
Homem do ano
BOSE
Beatles
BOSE
Dylan

E, sobre
sua mesa,
sempre
uma rosa
vermelha
solitária.

capítulo 8

ASCENSÃO e QUEDA (1982-1986)

Seguidor de longa data do zen-budismo e grande admirador da estética do design japonês, Steve viaja para o Japão...
... e desfruta da serenidade e da ordem sublime dos templos e jardins de Kyoto.

E da correria e excentricidade de Tóquio.
KABUKI
NOH
NIKON
SEIBU
東京
EBISU
NHK
EDO
UC
SONY
SHINJUKU
GINZA
TOKYU HANDS
SUSHI
PACHINKO
UENO
SHIBUYA
YAKITORI
Ele vai a uma fábrica da Sony e vê
todos os funcionários usando uniforme...
... e finalmente vai se encontrar com o designer Issey Miyake,
Konnichiwa!
que desenha para Steve um...

uniforme!
Camisetas pretas de gola rolê, centenas delas, todas iguais.
tênis New Balance
calça jeans
Steve Jobs
o boneco de papel

Steve
sabe que
computadores
têm vida
curta nas
prateleiras.
Eles
rapidamente
encalham quando
a próxima novidade
aparece.

O foco principal de Steve agora é o próximo computador da Apple.
Ele está preocupado com o interior das máquinas:
Larry, está demorando demais para iniciar.
Steve, é porque...
Se pudesse salvar a vida de uma pessoa, você encontraria uma maneira de cortar dez segundos do tempo de inicialização?
Bem, sim, mas...
Se 5 milhões de pessoas estiverem usando nosso computador e levarem 10 segundos a mais para ligá-lo, isso se torna mais ou menos 300 milhões de horas — ou cem vidas — perdidas!

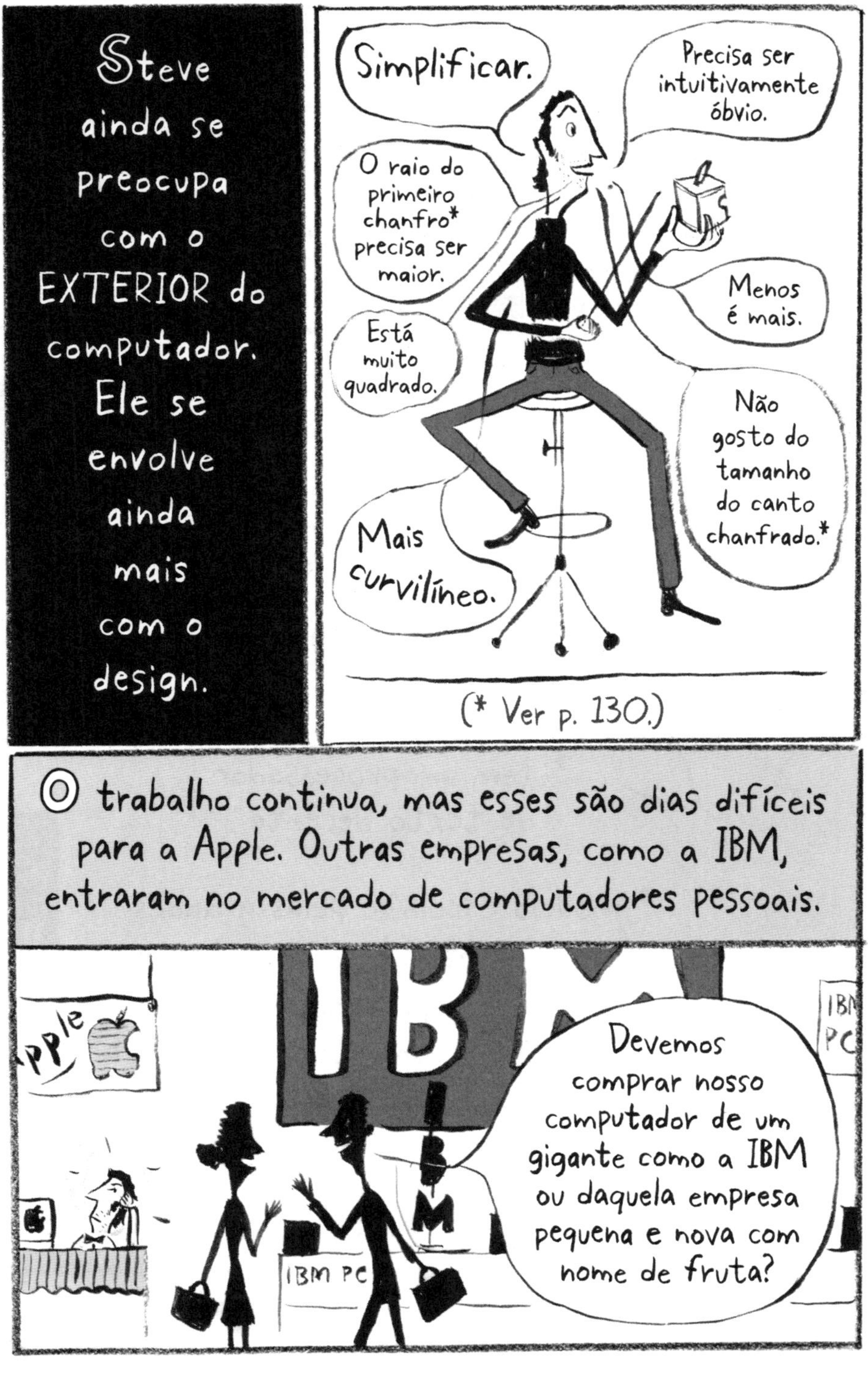
Steve ainda se preocupa com o EXTERIOR do computador. Ele se envolve ainda mais com o design.
Simplificar.
Precisa ser intuitivamente óbvio.
O raio do primeiro chanfro* precisa ser maior.
Menos é mais.
Está muito quadrado.
Não gosto do tamanho do canto chanfrado.*
Mais curvilíneo.
(* Ver p. 130.)
O trabalho continua, mas esses são dias difíceis para a Apple. Outras empresas, como a IBM, entraram no mercado de computadores pessoais.
Apple
IBM
IBM PC
IBM PC
Devemos comprar nosso computador de um gigante como a IBM ou daquela empresa pequena e nova com nome de fruta?

PC da IBM

* tem o consagrado nome IBM

* tem um processador de texto decente

* modelo escolhido pelas grandes empresas, uma vez que se conecta e se comunica com os computadores pequenos IBM e os ENORMES computadores centrais

software um conjunto de programas que dão instruções ao computador, dizendo o que fazer e como fazer

APPLE II

* tem VisiCalc, um programa incrível para visualização de planilhas
* oferece programas pioneiros para escrever e compor música
* tem jogos, gráficos e programas educativos
* modelo escolhido pelas escolas e universidades

hardware os pedaços físicos de um computador

Markkula deixa a presidência da Apple. Ele quer fazer outras coisas.
O.K., então precisamos de uma nova liderança para a Apple. Que tal alguém com muita experiência em administrar uma GRANDE empresa?
IBM
PEPSI
Steve gosta de fazer longas caminhadas enquanto tem conversas importantes. Ele vai até Nova York e tenta convencer John Sculley, o CEO da Pepsi, a ser o novo presidente da Apple.

Steve se conhece e sabe que é excêntrico, inábil, agressivo e insensível, e também sabe que Sculley é educado, polido e tranquilo. Essas qualidades podem ajudar a Apple a crescer e lidar com a competição com as outras empresas.
John Sculley
Currículo
Pepsi
Diretor de Marketing Pepsi
Estou muito satisfeito trabalhando na Pepsi. E não sei nada sobre computadores.
PEPSI

Você quer passar o resto da sua vida vendendo água com açúcar ou quer ter uma chance de mudar o mundo?
Sculley achou Steve brilhante e fascinante. Ele fica lisonjeado que Steve o queira na Apple e decide trocar de emprego.

Sculley chega, mas logo de cara começam os desentendimentos.

Ser o chefe de uma fábrica consagrada de refrigerantes tem basicamente a ver com vender o mesmo produto ano após ano. Administrar uma empresa de tecnologia tem a ver com inovação, aperfeiçoamento e tentar inventar a próxima *grande novidade*.

Após anos de atrasos, o novo computador está pronto para ser lançado. Qual será seu nome?
Pippin? Red delicious? WINESAP? Macoun? Granny Smith? Idared?
TIPOS DE MAÇÃS
MAÇÃS

Que tal
Macintosh
Macintosh?

John, precisamos de um comercial realmente revolucionário para lançar o novo computador no intervalo do Super Bowl, algo realmente radical!
Hã? Radical como?

Estamos em 1984. Um comercial é planejado pelo diretor de Blade Runner, um dos filmes mais comentados daquele ano.

Steve quer que seu comercial mostre ao mundo como os produtos Apple são ferramentas para a criatividade, DESCOLADOS e levemente rebeldes!

A inspiração para o novo comercial da Apple é o romance de George Orwell sobre...
1984
ORWELL
... uma sociedade futurista totalitária sob vigilância do governo e em guerra constante,
george orwell
1984
1984 ORWELL
liderada pelo tirano Grande Irmão.
Steve consegue fazer do seu jeito...
... e quando o comercial é veiculado, é considerado
Uma sensação!
macintosh
O melhor comercial já feito!
Em 24 de janeiro, a Apple Computer apresentará o Macintosh. E vocês verão por que 1984 não será como *1984*.

Aqui está!
O primeiro MACINTOSH
É revolucionário!
Hackers não conseguem abrir o equipamento para se intrometer!
Olá
Ainda mais intuitivo e acessível!
* Isto é um canto chanfrado.
* Isto é um chanfro.
Notem as linhas finas e suaves
E ele traz uma referência afetuosa ao curso de caligrafia em Reed: pela primeira vez, uma abundância de fontes encantadoras!
o primeiro computador doméstico com um mouse.

É INSANAMENTE GENIAL!
Bela TIPOGRAFIA e com espaçamento proporcional também.
Ícones esquisitos nunca antes vistos!
Vem com um novo
rograma de desenhos
uito legal: MacPaint!
E um novo
rocessador de texto
uito legal: MacWrite!
Novo e revolucionário
WYSIWYG
What You See
O Que Você Vê
(na tela)
Is What You Get
É o Que Você Recebe
(quando imprime)
É o computador perfeito para designers gráficos e músicos.

Os Macs vendem bem logo no início, mas a Apple está enfrentando um aumento na competição com outras empresas. A mais agressiva delas é a Microsoft, uma empresa de software liderada pelo jovem Bill Gates.
microsoft
apple
NeRd
Nascido em 1955
Nascido em 1955
EsTiLoSo
empresa produz apenas software
abandonou a faculdade (Harvard)
abandonou a faculdade (Reed)
empresa produz hardware e software
BILL GATES
STEVE JOBS

A Microsoft está copiando a Apple descaradamente! Você roubou nossa interface gráfica, WYSIWYG, sobreposições, janelas...
RÁ! Vocês fizeram a mesma coisa com a Xerox Parc!

Você conhece o ditado: "Bons artistas copiam, GRANDES artistas roubam!".

1985
Os desentendimentos entre Steve e Sculley pioram.
VOCÊ não sabe nada sobre computadores e não quer aprender!
monitor
mouse
teclado
E os programadores são uns palhaços!
E trabalhar com Steve está se tornando mais
E
mais difícil.
E os designers são uns palhaços!

A empresa faz uma grande reunião — sem Steve.
Conselho administrativo da Apple
Nós recomendamos que Steve deixe de liderar o grupo Macintosh e comece um grupo de pesquisa na Apple.
Boa ideia.
Essa é uma função melhor para o Steve.
Confinar sua loucura a uma parte pequena da companhia.
A Apple tem aproximadamente 6500 funcionários neste momento, quase setecentos na divisão Mac.
Steve considera essa nova função.
Hummmmm... dirigir um laboratório para novos produtos e ideias. Isso pode ser bom.
Mas decide que não pode ter um papel pequeno na companhia que ELE fundou.

Então Steve continua com a briga para se manter no comando.

Ele se torna tão desagradável e irracional e tão difícil de trabalhar que, ao final, os membros do conselho e outros funcionários escolhem Sculley como chefe.

Steve é forçado a sair da empresa que fundou na garagem de seus pais.
APPLE
APPLE COMPUTER
É muito triste.

1986
Sem fazer alarde, Steve vende quase toda sua cota de ações da Apple, no valor de cerca de 100 milhões de dólares, ou 217 milhões atualmente. Em 1986, as ações valiam 4 dólares cada.
KING
Aos trinta anos de idade, ele é um homem muito rico — mas bem miserável também.
Ele viaja para a Europa, pensando em qual será o seu próximo passo...
Que tal começar uma nova empresa chamada NeXT?
O novo computador será um cubo.
O logotipo é um cubo também...
NeXT
Sou Paul Rand!
steve paga
US$ 100 000
... desenhado por um famoso designer.
Será muito mais rápido que um PC e capaz de fazer mais coisas.
A companhia tem oito funcionários.
8
O alvo são os laboratórios de pesquisa das universidades.

Steve está obcecado com muitos detalhes:
NeXT
Quero que todos os cases sejam de magnésio preto!
Os parafusos internos têm que ser chapeados!
O acabamento externo não está fosco o suficiente!
Ele está desenvolvendo um senso de design ainda mais profundo.
NeXT
A NeXT se torna pioneira em oferecer versões on-line de
DICIONÁRIO
ENCICLOPÉDIA
SHAKESPEARE

Walkman Sony!
Ainda mais popular porque agora toca CDs
CDs
SONY
walkman
(são vendidos mais de 250 milhões destes)
TV a cabo
500 canais
FAX
Aparelhos de fax
Secretárias eletrônicas tornam-se populares
Assistir a filmes em casa usando um VHS (videocassete).
VCR
camcorder
Mesma fita VHS funcion numa câmera de filmar
Videogames domésticos da Nintendo

...á de
...0
NOS
...30
Trim!
Trim!
Trim!
Telefones sem fio
Motorola Dynatac 8000x
Telefones celulares — poucas pessoas os têm, porque custam milhares de dólares!
Fornos de micro-ondas.
Modems usando a linha telefônica para se comunicar com computadores
Fitas beta
MAC
Computador NeXT
Editoração eletrônica
US$6500

A NeXT batalha. O perfeccionismo de Steve atrasa a data do lançamento comercial do computador.
Jornalista
Por que o computador NeXT será lançado tão tarde?
Não é tarde, está cinco anos à frente de seu tempo!
Não existe um grande mercado para o superpoderoso e supercaro NeXT, ainda que um comprador tenha feito algo realmente IMENSO com o seu:
CANADÁ
EUROPA
EUA
Oceano ATLÂNTICO
ÁFR
Oceano PACÍFICO
América do Sul
Tim Berners-Lee inventou a REDE MUNDIAL DE COMPUTADORES!

Capítulo 9

O HOMEM de família

(de meados dos anos 1980 ao início dos anos 1990)

Como ocorre com muitas pessoas que foram adotadas, Steve tem curiosidade a respeito de seus pais biológicos. Ele agora está com 31 anos.
Sim, detetive. Eu sei que nasci em San Francisco em 1955 e...
Eu encontrei sua mãe. Ela se chama Joanne Simpson e mora em Los Angeles.
Steve pega um avião para encontrar sua mãe.
E você tem uma irmã.
Não brinca!
Hollywood
Ela é escritora, se chama Mona Simpson e mora em Nova York.
Eu quero conhecê-la. Ela é artista!
RELISH
FRANKS
ONIONS
TAIL o' the PUP

Joanne nunca falou a respeito de Steve para Mona e liga para ela no trabalho.
Querida, você tem um irmão e ele é rico e famoso e bonito e não vou te dizer quem é, mas estamos indo para Nova York te visitar e será uma surpresa!
O quê!?!? Mãe!!!
Que tal o cara que fez *Corpos ardentes*?
Talvez um desses empreendedores de tecnologia. Como é o nome dele?
Eu aposto que é o John Travolta!
St. Regis HOTEL
OLÁ.
OLÁ.
OLÁ.
Eu gosto da minha nova FAMÍLIA.

1989
Como CEO da NeXT Computadores,
STANFORD
Faculdade de
ADMINISTRAÇÃO
Steve é convidado para dar uma palestra.
Enquanto ele espera para subir no palco, conhece uma jovem estudante de administração de Stanford.
Ela brinca:
Eu ganhei uma rifa e VOCÊ tem que me levar para jantar depois da palestra.
É mesmo?
Porém, Steve tem que correr para uma reunião de negócios.
Adeus
Adeus
Mas logo antes de sair, ele pensa:
Se esta fosse minha última noite na Terra, eu gostaria de passá-la numa reunião de negócios ou com esta mulher?

Steve segue seu
e sua
INTUIÇÃO

Espera! Laura? Laurene? Vamos jantar AGORA.
Ela é uma vegetariana com os pés no chão e muito equilibrada também. Um bom contraponto para as excentricidades de Steve.
Eles se casam em 1991 e naquele mesmo ano têm seu primeiro filho, Reed.
A filha de Steve, Lisa, agora com treze anos,
também se torna parte da família.
Eles todos vivem, de maneira simples, numa casa antiga em
Palo Alto.

capítulo 10

EXPANDINDO

(de volta a 1986)

Enquanto ainda dirige a NeXT, que está afundando, Steve compra a Pixar por 5 milhões de dólares (10,7 milhões hoje) e imediatamente investe mais 5 milhões para mantê-la funcionando.
Arte e tecnologia juntos — tudo que eu amo!
Zilhões de cores e pixels a mais que a maioria dos computadores.
RenderMan
Animação num computador!
US$30.000
É uma empresa pequena e pioneira de computação gráfica e animação, que fabrica computadores extravagantes e os programas que os acompanham.
Eu acho que existe um mercado. Todo mundo vai querer um.
Imagens podem ser renderizadas em 3D
Mas os computadores são MUITO caros e não vendem.
Steve continua investindo seu próprio dinheiro na companhia para mantê-la funcionando.

Então Steve tem uma ideia.
Por que não produzir um curta-metragem animado para exibir as incríveis animações por computador?
Principal diretor criativo da Pixar
John Lasseter
Sim!
Lasseter foi formado e trabalhou na Disney. Como Steve, ele é um visionário e um GRANDE talento!

A animação tradicional é desenhada à mão em milhões de folhas de celulose transparente.
Animação computadorizada é uma coisa muito nova.

O curta-metragem, chamado Luxo Jr., sobre uma lâmpada,
SIGGRAPH*
MELHOR FILME
1986
HAWAII
ganha alguns prêmios.
* Uma conferência anual de computação gráfica.
A Pixar consegue novos negócios criando animações para comerciais de TV.
Mas não o suficiente.
A empresa está quebrando.
Listerine
Tropicana

O departamento de animação tem uma ideia para um novo curta-metragem.
É sobre brinquedos de lata.
Você precisa de 300 mil dólares para produzi-lo?
WAIKIKI
SHAVE ICE
HAWAII
TIN TOY
Steve está cético.

Steve faz uma caminhada para meditar sobre isso.
Meu dinheiro vai acabar logo.
Droga, o que devo fazer? Com a NeXT afundando também...
Eu já investi 50 milhões na Pixar.
Mas eu AMO os comerciais animados... e esta nova ideia deles! Bom, vou seguir minha INTUIÇÃO e...

... Brinquedo de lata segue em frente a todo vapor, o mais novo curta-metragem da Pixar!
O pequeno filme de cinco minutos — sobre brinquedos que ganham vida — recebe o Oscar de melhor curta-metragem de animação, o primeiro filme animado em computador a conseguir tal feito.
Oscar – Curta--metragem de Animação 1988

A Disney está muito animada com esse novo tipo de animação e tenta persuadir Lasseter a voltar.
Desculpe, mas agora sou leal à Pixar.

Então Steve tem uma ideia ainda MAIOR.
E se fizermos um longa--metragem, animado por computador, na tradição Disney?
Ninguém fez isso antes.
Como Walt Disney gostava de dizer, "é divertido fazer o impossível".
Mas a Pixar está quase falida e precisa de financiamento para produzir um caro longa-metragem.
Precisamos de DINHEIRO.
O.K., nós vamos colaborar.
A Disney fica com os direitos sobre os personagens, sequências do filme etc. etc.
Jeffrey Katzenberg
Steve tem que aceitar a oferta deles porque a Pixar precisa muito mais da Disney do que a Disney precisa da Pixar.

1991
A Pixar está expandindo a ideia vencedora de *Brinquedo de lata*. Mas agora a Disney quer mudar a história.
DISNEY
Mais radical!
Mais malvado!
A Disney está estragando tudo, transformando nosso herói, Woody, num malvado.
Eu concordo.
Nós temos que parar isso!
JOHN LASSETER PIXAR
Steve JOBS PIXAR
Não é fácil, mas a Pixar tem que bater o pé com a Disney e fazer com que a história volte aos trilhos.

1995
E o filme se chama
TOY STORY
É um sucesso!
TICKETS
TICKETS
Ele é assistido por mais pessoas do que qualquer outro filme naquele ano.
Agora muitas pessoas querem investir numa empresa tão bem-sucedida.
A Pixar abre o capital em 1995.
A Pixar tem dinheiro para produzir o que ela quiser. Isso é o que importa!
A colaboração entre Pixar e Disney continua, mas cada empresa também produzirá seus próprios filmes.

As ações de Steve da Pixar valem impressionantes 1,2 BILHÃO.
Mas Steve continua a levar uma vida simples.
Não vejo um iate em meu futuro.* Eu nunca fiz isso pelo dinheiro!
* Rá! Veja as pp. 218 e 219.
Quando a Pixar se expande, Steve projeta seu novo prédio com um grande saguão para os funcionários se encontrarem e se enturmarem.
Saguão

Escritório de
STEVE
Escritório de
JOHN
LASSETER
Aqui é o departamento de storyboards, onde os filmes são esboçados, cena por cena.
Aqui é o todo-poderoso departamento de animação.
Aqui é uma sala IMENSA com computadores IMENSOS chamados de servidores.
LANCHONETE
BAR
CERE
Piscina
Jardim de rosas
Luxo Jr.

Os roteiristas trabalham aqui.
Maquetes são feitas aqui.
Efeitos sonoros são produzidos aqui.
Sala de projeção da empresa
Ha Ha!
ste é o famoso saguão central.
Que bom te encontrar.
Tenho uma ideia que gostaria de te contar!
Olá!
Tchau!
xiste até uma sala penas para cereais - e eles têm o seu tipo favorito!
PIXAR
ESTÚDIOS DE ANIMAÇÃO
Campo de futebol
Do outro lado da baía de San Francisco, em Emeryville, na Califórnia

A Disney/ Pixar receberá mais de 25 Oscars. Ela se tornou o estúdio de animação mais bem-sucedido do mundo.

capítulo 11

De volta à Apple (1997-2001)

1997
Steve ainda está dirigindo a próspera Pixar e a periclitante NeXT.
PIXAR
NEXT
Enquanto isso, na Apple...
Sem Steve Jobs, a companhia está afundando.* Sculley e diversos outros CEOs já foram embora há tempos. Os computadores da IBM e o Windows da Microsoft dominam o mercado.
Procura-se CEO
Informe-se aqui
* No ano fiscal de 1997, a Apple perdeu 1,04 bilhão de dólares.
A Apple está tentando fazer produtos DEMAIS.
Scanner
Quadra
Newton
printer 3
mac 12
MAC-B
nossos produtos
9600
Newton
mac printer
MAC
mac X 53 b
C2
Scanner 3 2
performa
13 n.L.
mac 12
Printer 110 2
4200 c.
mac Z
mac II b
Printer 3X
O moral está baixo.

E porque a Apple gosta de inovar
Insanamente genial!
e os computadores da NeXT funcionam, ela compra a NeXT.
NeXT

Todos imaginam que Steve terá um papel pequeno nisso,
pop
NeXT
NeXT
NeXT
mas...

... ele tem planos bem maiores!
APPLE
Depois de passar doze anos fora, ele tem seu retorno triunfante.

Claro que todos na Apple se lembram de como Steve pode ser difícil, mas eles também se lembram de sua visão e de sua criatividade.
A má administração quase levou a Apple à falência, e o conselho de diretores e funcionários está desesperado. Contratado inicialmente como consultor, Steve logo ganha mais e mais poder.

Steve se lembra de como se excedeu na Apple e depois na NeXT e se esforça para tomar decisões mais racionais.
Steve está obcecado com muitos detalhes:
NeXT.
Quero que todos os cases sejam de magnésio preto!
Os parafusos internos têm que ser chapeados!
O acabamento externo não está fosco o suficiente!
Ele está desenvolvendo um senso
ainda mais profund

Ele demite muita, muita gente
e corta radicalmente o número de produtos que a Apple desenvolve.

É o fim dos scanners e impressoras da Apple, dos redundantes modelos Quadra e Performa, e do Newton, um antecessor do tablet.
O que são *todos* esses Macs?
Qual eu devo recomendar aos meus amigos?

PENSE
diferente
É hora de FOCO.
A inovação vai nos tirar desse buraco.
DESK top
PORTÁTIL
consumidor
para a casa
profissional
para o trabalho
iMac
G4
G4
iBook
MacBook Pro
PENSE
diferente
PENSE
diferente
Esses vão ser nossos produtos.
Só isso.
PENSE
diferente

Nosso trabalho é descobrir o que os consumidores querem antes que eles saibam.
Todo mundo está trabalhando no próximo Mac.
Jony Ive, engenheiro-chefe da Apple
Que tipo de computador os Jetsons teriam?
GOSTEI disso!

Mais desenhos são feitos no papel...
... e no computador,
a.
b.
enquanto modelos 3D são criados numa máquina incrível.
RRR
IMPRESSORA 3D
Por fim, realiza-se uma enorme pesquisa em translucidez e cor.
Fábrica de jujubas
Jujubas

Aqui está
ESTÚDIO DE DESIGN
As pessoas que são loucas o suficiente para achar que podem mudar o mundo são as que, de fato, mudam.
PENSE diferente
PENSE diferente
Campanha revolucionária com celebridades e outras pessoas influentes
o novíssimo, translúcido, de dar água na boca, com cor de jujuba, levemente irônico, delicioso e colorido iMac!
O preço é 1299 dólares.

Jony,
isso é
SENSACIONAL!
É insanamente
genial!
O
primeiro iMac!
SECRETO
Azul Bondi,
em homenagem
a uma
praia na
Austrália
Olá de
novo
Nas seis primeiras semanas,
278 000 iMacs foram vendidos.
Em 1998, a Apple teve um lucro
de 309 milhões de dólares (447 milhões de hoje).

Novo iMac
O que
Fim
Monitor caixote
e-mail se torna realmente popular
DVD
beatles
mon oncle
Bandeja de CDs esquisita
Google
é fundado
WWW
A internet está crescendo rapidamente
Câmeras digitais

E NOVO!
nos 1990
SONY
Sony Playstation
FILM
Netflix
DVDs por correio
Celulares menores e mais baratos, mas complicados de usar
eBay
leilões on-line
Uma confusão de tocadores portáteis
SONY MD
300
Minidiscs
MP3 é um formato de compressão digital

Conforme o trabalho continua, Steve tem a ideia de abrir lojas que vendam apenas produtos da Apple.
Ele quer controle sobre a experiência de compra dos consumidores.
Steve, será que não é bom fazermos algumas pesquisas?
Testar o mercado para ver se as pessoas entrariam numa loja da Apple ou comprariam um desses?
Alexander Graham Bell fez pesquisas de mercado antes de inventar o TELEFONE?
APPLE STORE
E Henry Ford gostava de dizer: "Se eu perguntasse o que queriam, eles iam dizer 'um cavalo mais rápido!'".

Steve constrói secretamente o protótipo da loja num depósito, que ele visita bastante para ajustar a ambientação e o visual.
THINK different
Ele desenha uma escada translúcida inovadora e consegue a patente dela.
Ele importa arenito especial da Itália para o piso.
Buon giorno!
Itália
Ron Johnson
Steve, eu tenho uma ideia. Nós podemos montar um balcão especial com especialistas e chamá-los de "gênios".
Não gostei da sua ideia. E eles são geeks!

A primeira Apple Store é aberta em 2001, num shopping fora de Washington, D.C. A loja vai incrivelmente bem e o Balcão dos Gênios é um sucesso imediato. Steve fica com todo o crédito.
A Apple Store na Quinta Avenida de Nova York é a loja que faz mais dinheiro por metro quadrado do mundo. É a única Apple Store aberta 24 horas por dia, 7 dias por semana.
CAFÉ
Fifth Avenue
Deli
FA
SCHWARTZ
TAXI
?
Insanamente genial, certo?
E aqui está o nosso famoso Balcão dos Gênios.

Capítulo 12

Expansão (2000-2004)

Sempre querendo melhorar a experiência do consumidor, Steve desenvolve um cabo para transferir dados digitais, chamado Firewire, e programas novos e divertidos — chamados aplicativos —, como
iPhoto
iMovie
Final Cut Pro,
iDVD,
GarageBand
e...
iMAC
(O que significa esse i-alguma-coisa? Individual, instante, inspire, informe e internet.)

... iTunes!
Sendo um ENORME fã de música (ele ama os Beatles e Bob Dylan), Steve pensa numa maneira nova e inteligente de gerenciar, mixar e curtir música.
Você pode ouvir música no computador, copiar os CDs no programa, fazer playlists e até ouvir rádio!
UAU — e com esses desenhos que acompanham a música! Demais! Isso vem em todos os Macs?
SIM
iTunes
iMac
Beatles
Dylan
Uma pena que os tocadores portáteis de música sejam complicados de usar e mal projetados.

Steve viaja ao Japão a negócios.
Ele visita a Toshiba para ver as novidades tecnológicas.
É um pequeno drive com capacidade para 8 GB de dados.
NEW
Nós vamos comprar todos. Todos que você tiver.
S.J.

De volta aos Estados Unidos e com saudade da comida japonesa, Steve manda o chef da lanchonete treinar na Academia Tsukiji Soba, no Japão.
TSUKIJI
Com a nova tecnologia comprada da Toshiba, designers e engenheiros
os pequenos drives
da Apple começam a trabalhar num novo e SECRETO produto.
O que pode ser?

Um tocador portátil de música!
Os que estão à venda são uma #%&*@!!!
mini-disc player
(interface horrível)
Rio
(feio!)
Sony CD player
(grande e desengonçado)
precisa de CDs

O trabalho continua.
Nós vamos limitar o que o aparelho em si pode fazer e, ao contrário dessas #%*?@#* de tocadores para nerds lá fora, o NOSSO será fácil de usar.
iMac
O consumidor vai fazer as coisas complicadas como upload, edição e playlists no iTunes no próprio COMPUTADOR, e apenas transferir as músicas para o tocador.
Nós vamos ter "a coisa toda" aqui!

Nós precisamos lançá-lo no Natal de 2001.
Então precisamos dele no mês que VEM, no máximo.

Sim, Steve pode ser bastante convincente. Se lhe disseram que você precisa cumprir tarefas (impossíveis), como fazer um protótipo da noite para o dia ou apresentar dez ideias novas na reunião de amanhã...
... então você entrou no famoso "campo de distorção da realidade" de Steve.

Steve, perfeccionista, examina o primeiro protótipo.
#1
Ajuste.
Não, eu quero um retângulo arredondado.
Simplifique!
Sem botão de ligar e desligar.
#71
O quê?!
Você perde as músicas quando a bateria acaba? Nem &#%@*!
E NINGUÉM fala desse projeto fora daqui ou está demitido!
Simplifique!
Apenas três cliques permitidos.

Um engenheiro apresenta o protótipo no qual vem trabalhando há semanas,
dia e noite, noite e dia.
É muito pesado!
E desengonçado!
Está vendo as bolhas? Tem AR ali dentro!
COMIDA DE PEIXE
COMIDA DE PEIXE

Tire o ar dele.
Precisa melhorar.
Depois, um engenheiro mostra a Steve uma possível roda de rolagem.
É ISSO!
UMA RODA!
Algumas semanas depois, o protótipo final é apresentado a Steve.

O.K., vamos testar os fones...
menu
O QUÊ?!

Hã?! O quê?
Quando você coloca o fone...
... NÃO há um som de clique satisfatório!
De volta ao trabalho! Passem a noite acordados se precisarem. Quando o fone for inserido,
eu quero um clique satisfatório.

Sim, de fato Steve é conhecido como um chefe
DIFÍCIL
Eu passei seis meses trabalhando sessenta horas por semana nesse modelo.
Por quê?
ESCOLHIDO
ESPECIAL
ABANDONADO
Simplifique!
É feio!
Você é um palhaço!
Acéfalo!
Comece de novo!
Ideia estúpida!
Aqui está o último protótipo.
Ficou uma droga!
Não é arte!
É muito complicado.
Ajuste!
Nojento.
Porcaria!
Mas, STEVE, o que você quer?
Do meu jeito ou rua!
Nossa agência pensou em 240 novas direções para a campanha.
Eu vou saber quando encontrar!

2001
Insanamente genial!
iPod*
click
click
Beatles
Dylan
Django
Mais de 300 milhões de iPods já foram vendidos.
Ele custa 399 dólares.
* O nome foi inventado pelo copidesque Vinnie Chieco, que se lembrou de uma nave chamada Pod do filme 2001: Uma odisseia no espaço.

Eu tenho mil músicas no bolso!
Steve, o que você está ouvindo no iPod? Beatles?
Sim.
É "Strawberry Fields Forever"?

Sim, mas é uma gravação pirata da banda repassando a música, refinando e melhorando ela infinitamente. Eles eram tão perfeccionistas! É como uma trilha sonora para o trabalho que fazemos na Apple.

As vendas do iPod são estratosféricas!
Rip/ mix/ queime
iTunes
Mas os amantes da música estão baixando e compartilhando ilegalmente os discos, sem pagar. Isso está matando a indústria da música.
GRAVADORAS
ESTAMOS FECHANDO
SALDO
DELI
Acabei de baixar todos os discos dos Beatles de graça!
E eu baixei músicas avulsas do Phish!

2003
Eu tive uma ideia que vai acabar com o roubo de músicas. Eu quero criar uma LOJA do iTunes. Será fácil e barato para o consumidor comprar apenas as músicas que ama, seja um disco inteiro ou só uma canção.

UAU, e as gravadoras todas concordaram com isso?
Sim.
Steve, você já tem a Pixar e a Apple e agora vai se meter na indústria da música?
Eu ainda quero fazer uma porção de coisas, e tenho a intuição de que minha vida não será tão longa.

Steve vende a ideia a uma primeira gravadora. Depois, outra aceita participar.
Alguém pede uma % sobre as vendas do iPod.
Nem a pau!
Alguns artistas se opõem:
Só quero vender meus discos INTEIROS!
Meu contrato proíbe esse tipo de coisa.
SEM fragmentação!
Mas é tarde demais. Todo mundo sabe que a pirataria já dura meses e que as inovações de Steve são necessárias.
Steve faz viagens para mostrar como é fácil usar a iTunes Store.
ITUNES
E então alguns músicos decidem que realmente gostam da ideia.
Vejam só... rapaz, parece que alguém FINALMENTE acertou!
iTUNES

Artistas e gravadoras finalmente embarcam. Steve consegue que as gravadoras vendam suas músicas on-line na iTunes Store e faz com que os fãs paguem pelo que eles vinham baixando de graça.

* A Apple fica com 29 centavos.

Isso revoluciona a indústria da música.

Em 2003, Steve descobre que está com câncer no pâncreas.
Ele vai tentar combatê-lo de inúmeras maneiras.
Trim
Trim
A dieta da cura do câncer
Remédios de ervas
Mas antes ele vai reinventar o telefone.

capítulo 13

Redefinindo o DESIGN (2004-2011)

O impecável senso de design de Steve não vale apenas no escritório. Para comprar uma lavadora nova, travam-se verdadeiros debates em família.

Depois de várias semanas, a decisão é tomada.
Podem entrar! É um grande dia para nós!
miele
Frágil
ENERGY STAR
JOBS
Palo Alto
sabão em pó
Isso aqui é uma porcaria!
A Apple precisa fazer um telefone melhor!
Trim!
Trim!
Trim!
sabão em pó

Os telefones portáteis existem há anos.

Os telefones portáteis existem há anos.
Todos os celulares que existem são uma porcaria!
Desnecessariamente complicados.
APPLE
phone
Nós odiamos nossos celulares!
Precisamos criar um celular que **NÓS** gostaríamos de usar.
O quê?!
Steve, você pirou?
Decidir o que **NÃO** fazer é tão importante quanto decidir o que fazer.
Um botão?
Esquece!
E nossos telefones terão apenas **UM** botão. Virem-se!

Steve recebe os primeiros protótipos.
Muito. masculino.
Muito foco nas tarefas.
Bordas mais arredondadas.
MODEL
SEM canetas!
Nós já temos cinco em cada mão.
E lembrem-se:
UM
MODELO 473
botão, e apenas um.
Primeiro a Apple tenta fazer um telefone com uma roda,
MODELO 611
como no iPod.

A tecnologia multitoque* vem sendo desenvolvida na Apple para um futuro tablet.
Mas, quando Steve vê uma demonstração do multitoque num telefone, ele decide dar um salto e adiantar a tecnologia.
* Usar mais de um dedo para fazer coisas maravilhosas como aumentar uma imagem.

Isso é o futuro!!
Aqui está!!
Jony Ive

É isso!
E VIDRO, não plástico.
Nós vamos dar um jeito de fazer funcionar.
O CEO da empresa de vidros Corning faz uma apresentação.
Wendell Weeks, CEO
Chama Gorilla Glass. Coisa bem boa, mas não produzimos há cinquenta anos.
processo de troca de íons
camada de compressão
O executivo cai no campo de distorção de realidade de Steve...
Você-ê-ê consegue...
... e sai com um pedido GIGANTESCO e um prazo mínimo.

Todos os anos, Steve apresenta os novos projetos da Apple na Macworld, uma feira de produtos da Apple.
mac WORLD 2007
Hoje nós temos três produtos incríveis!
Nós temos um iPod com tela larga e de toque!
Um revolucionário telefone celular!
E uma inovadora ferramenta de acesso à internet.
Anotaram tudo? É apenas **UM** aparelho! Eu apresento o....
wow!
yes!
Como passou a fabricar outros produtos, a Apple tira o "computer" do nome.

... iPhone! Insanamente genial!
De tempos em tempos, chega um produto revolucionário que muda tudo.
Mais de 6 milhões de iPhones são vendidos no primeiro ano.
Ele custa 500 dólares.
Hoje já são mais de 150 milhões.
O iPhone original tem um botão de controle.

Um aparelho tão SENSACIONAL faz surgirem milhares de aplicativos SENSACIONAIS, agora chamados de APPS.
Que música é essa?
QV
google maps
você está aqui
SHAZAM
Little Rootie Tootie
MONK
Pandora RADIO
Instagram
Surge toda uma nova indústria de apps.
TODOS os apps precisam ser aprovados pela Apple e só podem ser comprados ou baixados na iTunes Store.
Angry Birds Game
star walk
Em um mês, 60 milhões de apps são vendidos.
Em oito meses, eles chegam a 1 bilhão de downloads.

2009
Steve tira uma tarde de folga para caminhar nas montanhas. O câncer está se espalhando.
Ele pensa no tablet, o próximo produto da Apple, e no que fazer com ele.
Ele se lembra do que Einstein gostava de dizer:
"A criatividade é o resíduo do tempo desperdiçado".
E "siga o que for misterioso".
misterioso

Ele entra na Apple Store do centro de Palo Alto.
LIVROS
Ei, senhor, pode tirar uma foto da gente?
Vau, eles não me reconheceram!
O.K., se apertem mais um pouco.
Ha Ha
He he!

Telefones celulares viram uma febre mundial
EURO
AFRICA
S.A.
O que h
Anos
2
Wi-Fi — se conectando à internet sem cabos
Googlar se torna um verbo
USBs
e-books
Kindle
Tablet — um computador portátil operado com uma caneta ou com os dedos.

...le novo?
...00
YouTube
Wikipédia
Tecnologia flash
iMac Sunflower
Global
Positioning
System*
Loja on-line Amazon
blogs
SMS
vira moda
Facebook
MySpace
iCloud – uma nova maneira de gerenciar e sincronizar dados entre aparelhos
* Sistema de Posicionamento Global.

Steve trabalha
com um
designer
famoso nos
planos para
um iate
para a
família.
Eu sei que
talvez eu morra
e deixe Laurene
com meio barco.
NO
TECA
VENUS
FEADSHIP
Mas eu tenho de continuar
trabalhando nele. Parar
é admitir que estou
prestes a morrer.

Philippe Starck
Designer industrial francês
Bien sûr.
Algumas das melhores viagens de férias de Steve foram em barcos, conhecendo o mundo.

Steve tenta manter sua luta contra o câncer em segredo. Para ele, é uma questão pessoal.
Ele está preocupado que o público perca confiança na Apple.
Ele e Laurene têm a tradição de levar os filhos adolescentes em viagens individuais e especiais da escolha deles.
JAPÃO
É a vez de Erin.
Steve mal consegue ir.
Eles viajam ao Japão e visitam o templo dos cem musgos.

De volta à casa, Laurene cuida do jardim.
Steve trabalha.

Por favor, querido, tente comer. São todos do jardim.
A doença de Steve acaba com seu apetite.

Steve, sempre viciado em trabalho, passa o tempo pensando em negócios e
Protótipo N-3
no seu próximo e último produto...

... a versão da Apple para um tablet.
O perfeccionista testa o último protótipo.
Eu sei que pode ficar melhor.
RRRRR!
Ainda não estamos lá.
Protótipo N-3
Simplifique!
Os cantos precisam ser mais arredondados!
Ainda não é amigável o bastante.
Nós podemos atrasar o lançamento.
Ele tem que ficar PERFEITO.

Insanamente genial! É a MELHOR coisa de todos os tempos!
Gráficos maravilhosos em comparação a outros tablets
e, como no iPhone, caminhões de **apps** maravilhosos mantêm os usuários ocupados.
300 mil iPads são vendidos no primeiro dia, e 15 milhões nos nove primeiros meses.

O que você está fazendo no seu iPad?
Estou lendo Shakespeare.
Estou projetando uma casa!
Estou descobrindo o caminho.
GPS
Estou identificando plantas!
Sassafras
LEAF SNAP
Estou assistindo à gravação de um discurso famoso de 2005.

Em 2005, Steve faz um discurso para os alunos da Universidade de Stanford. Ele está cada vez mais doente.
Seu tempo é limitado, então não gaste ele vivendo a vida de outra pessoa.
Não se prenda a dogmas, que significa viver com os resultados do pensamento de outras pessoas.
Não deixe o barulho das opiniões alheias afogarem a sua própria voz interior.
UNIVERSIDADE DE STANFORD

Continuem famintos. Continuem loucos.
UNIVERSIDADE
E, o mais importante, tenham coragem de seguir o coração e a intuição. De alguma forma eles já sabem o que você quer realmente se tornar.
Todo o resto é secundário.
Bravo!
Yes!

Steve Jobs morre de câncer em 5 de outubro de 2011.
Ele tem 56 anos.
Suas últimas palavras foram "Oh, uau..."

Agradecimentos

Obrigada a Anne, Lee, Rachael e Stephanie, da Schwartz & Wade Books; a minha agente, Brenda Bowen; a David Biedny, pelo excelente resumo e histórico tecnológico; a Nick Sung, pelo tour excelente; a minhas assistentes, Ellspeth Tremblay e Dingding Hu; a Isabelle Dervaux; a Anne Silverstein; às irmãs Andrea e Sammy Recalde; à biblioteca Bellport, em Nova York; e às minhas duas pessoas favoritas no mundo, Carl e Sam Friedberg.

Bibliografia

A pilha de materiais que acumulei para escrever e ilustrar este livro já passa de um metro! Há livros, DVDs, fotografias, mapas, reportagens, rascunhos, impressões e revistas, incluindo cópias antigas das revistas *Popular Electronics*, *Popular Mechanics* e *Mechanix Illustrated* dos anos 1960 e 1970.

Mas falando mais especificamente:

BROWN, David W. "In Praise of Bad Steve". *The Atlantic*, 6 out. 2011. Disponível em: <theatlantic.com/technology /archive/2011/10/in-praise-of-bad-steve/246242/>.

ELLIOT, Jay. *The Steve Jobs Way: iLeadership for a New Generation*. Filadélfia: Vanguard Press, 2011.

GOLDSMITH, Mike; JACKSON, Tom. *Eyewitness COMPUTER*. Nova York: DK Publishing, 2011.

GOODELL, Jeff. "Steve Jobs in 1994: The Rolling Stone Interview". *Rolling Stone*, 16 jun. 1994. Disponível em: <rollingstone.com/culture/news/steve-jobs-in-1994-the-rolling-stone-interview-20110117>.

ISAACSON, Walter. *Steve Jobs*. Nova York: Simon and Schuster, 2011 [ed. bras.: *Steve Jobs*. Trad. Denise Bottmann e Pedro Maia Soares e Berilo Vargas. São Paulo: Companhia das Letras, 2011].

JOBS, Steve. Apresentação na Macworld Expo, 2007. Disponível em: <youtube.com/watch?v=-QZKy9FzR6k>

_________. Discurso para os formandos da Universidade de Stanford, 12 jun. 2005. Disponível em: <youtube.com /watch?v=VHWUCX6osgM>.

MANJOO, Farhad. "Jobs the Jerk". *Slate*, 25 out. 2011. Disponível em: <slate.com/articles/technology/technology/2011/10/steve_jobs_biography_the_new_book_doesn_t_explain_what_made _the_.html>.

MARKOFF, John. "Apple Computer Co-Founder Strikes Gold with New Stock." *The New York Times*, 30 nov. 1995. Disponível em: <nytimes.com/1995/11/30/us/apple-computer-co-founder-strikes-gold -with-new-stock.html>.

_________. *What the Dormouse Said: How the Sixties Counterculture Shaped the Personal Computer Industry*. Nova York: Viking, 2005.

MORITZ, Michael. *Return to the Little Kingdom: How Apple and Steve Jobs Changed the World*. Nova York: Overlook Press, 2009. Kindle.

MORRIS, Betsy. "Steve Jobs Speaks Out". *Fortune*, mar. 2008. Disponível em: <money.cnn.com/galleries/2008 /fortune/0803/gallery.jobsqna.fortune/>.

MORROW, Daniel. Entrevista com Steve Jobs para o Instituto Smithsonian de História Oral, 20 abr. 1995. Disponível em: <americanhistory.si.edu/comphist/sj1.html>

MORROW, Daniel. Steve Jobs interview: One-on-one in 1995". *Computerworld*, abr. 1995a. Disponível em: <computerworld .com/s/article/9220609/Steve_Jobs_interview_One_on_one_in_1995>.

O triunfo dos nerds. Título original: *Triumph of the Nerds: The Rise of Accidental Empires*. Roteiro e direção: Robert X. Cringely. 1996. DVD Ambrose Video, 2002.

RICHARDS, Mark; ALDERMAN, John. *Core Memory: A Visual Survey of Vintage Computers*. San Francisco: Chronicle Books, 2007.

ROSENBAUM, Ron. "Secrets of the Little Blue Box". *Esquire*, out. 1971. Disponível em: <historyofphonephreaking.org/docs/rosenbaum1971.pdf>.

SHEFF, David. "Steven Jobs". *Playboy*, fev. 1985. Disponível em: <longform.org/stories/playboy-interview-steve-jobs>.

WOLF, Gary. "Steve Jobs: The Next Insanely Great Thing". *Wired*, fev. 1996. Disponível em: <archive.wired.com/wired/archive//4.02/jobs.html?person=steve_jobs&topic_set=wiredpeople>.

Para aprofundar as pesquisas deste livro, e principalmente para as imagens, visitei o Vale do Silício e dirigi pela Freeway 101 e pelo El Camino Real. Visitei o Museu de História da Computação em Mountain View e fui a Palo Alto e ao Laboratório do Acelerador Linear de Stanford. Vi onde ficava a Xerox Parc e tive um vislumbre da garagem suburbana onde a Apple Computer nasceu, bem como a casa da família Jobs em Palo Alto. De volta ao norte, na região da baía de San Francisco, pude fazer uma visita guiada pela Pixar (obrigada, NS!).

Notas

As citações que não são mencionadas abaixo foram inventadas, mas buscam comunicar a essência do que foi de fato proferido por Jobs.

"Isto é para os loucos": campanha de publicidade parcialmente criada por Steve Jobs.

Capítulo 1. O JOVEM REBENTO [p. 13]

Sobre crescer no Vale do Silício em seu início: Walter Isaacson, 2011, pp. 1-20; Daniel Morrow, 1995.

Sobre a professora Imogen Hill, do colégio: David Sheff, 1995; Daniel Morrow, 1995a.

Sobre Larry Lang: Daniel Morrow, 1995 e 1995a.

Capítulo 2. CRESCENDO [p. 27]

Sobre construir um medidor de frequência: David Sheff, 1995; Walter Isaacson, 2011, p. 17.

Capítulo 3. STEVE, WOZ E SEU PRIMEIRO EMPREENDIMENTO [p. 41]

Sobre a Blue Box: Ron Rosenbaum, 1971.

Sobre a construção de uma Blue Box: Michael Moritz, 2009, cap. 6: "The Little Blue Box"; *O triunfo dos nerds*, parte 1.

Sobre vender a Blue Box: David Sheff, 1995; Walter Isaacson, 2011, pp;. 29-30.

Capítulo 4. UNIVERSIDADE E ILUMINAÇÃO [p. 49]

Sobre o Reed College: Walter Isaacson, 2011, pp. 33-41.

"Se hoje fosse o último dia da minha vida": Discurso para os formandos da Universidade de Stanford

"Vou procurar meu guru": Isaacson, op. cit., p. 45.

"Viva cada dia como se fosse o último": Betsy Morris, 2008.

Sobre o encontro com o mestre zen Kobun: Isaacson, op. cit., pp. 48-50.

Capítulo 5. NASCE A APPLE [p. 65]

"Não aceite NÃO" e "Finja que está no controle": Walter Isaacson, 2011, p. 55.

Sobre a história do computador: Museu da História da Computação; Mike Goldsmith e Tom Jackson, 2011; Mark Richards e John Alderman, 2007.

Sobre a escolha do nome da empresa: Isaacson, op. cit., p. 63; Michael Moritz, 2009, cap. 10: "Half Right".

"Eu não acho que teria acontecido sem o Woz": David Sheff, 1995.

Capítulo 6. PARA O ALTO [p. 85]

Sobre Markkula: Walter Isaacson, pp. 75-78; Michael Moritz, 2009, cap. 12: "Mercedes and a Corvette".

Sobre o começo da Apple e o Apple II: Moritz, op. cit., cap. 18: "Welcome IBM, Seriously".

"Você jamais deve começar uma empresa": Walter Isaacson, 2011, p. 78.

Capítulo 7. PARA A FRENTE [p. 99]

Sobre a Xerox Parc: *O triunfo dos nerds,* 1996.

Capítulo 8. ASCENSÃO E QUEDA [p. 113]

"Se pudesse salvar a vida de uma pessoa...": *O triunfo dos nerds*, parte 3.

"Você quer passar o resto da sua vida...": Ibid.

"Bons artistas copiam...": Ibid. (Steve Jobs atribuía essa citação a Pablo Picasso)

Sobre ser forçado a sair da Apple: Walter Isaacson, 2011, pp. 194-210.

Sobre a NeXT, "Não é tarde": Ibid., p. 236.

Capítulo 9. O HOMEM DE FAMÍLIA [p. 143]

Sobre encontrar sua família biológica e conhecer Laurene Powell: Walter Isaacson, 2011, pp. 250-283.

Capítulo 10. EXPANDINDO [p. 149]

Sobre o começo da Pixar: Walter Isaacson, 2011, pp. 238-249.

"Não vejo um iate em meu futuro": John Markoff, 1995.

Capítulo 11. DE VOLTA À APPLE [p. 163]

"Qual eu devo recomendar aos meus amigos?": Walter Isaacson, 2011, p. 337.

"Que tipo de computador os Jetsons teriam?": Ibid., p. 352.

"Alexander Graham Bell fez pesquisas de mercado...": Ibid., p. 170.

"E Henry Ford gostava de dizer...": Jay Elliott, 2011, p. 147.

Sobre a concepção da primeira Apple Store: Walter Isaacson, op. cit., pp. 368-77.

Capítulo 12. EXPANSÃO [p. 181]

"... não há um som de clique satisfatório!": Farhad Manjoo, 2011.

Sobre o desenvolvimento do iPod: Walter Isaacson, 2011, pp. 490-510.

Sobre jogar o protótipo do iPod em um aquário: David W. Brown, 2011.

"Steve, o que você está ouvindo no iPod?": Walter Isaacson, op. cit., p. 497.

Capítulo 13. REDEFININDO O DESIGN [p. 203]

Sobre a história dos telefones celulares e o desenvolvimento do iPhone: Jay Elliott, 2011, pp. 203-4.

"E nossos telefones terão apenas um botão": Ibid., p. 23; Betsy Morris, 2008.

Sobre o design do iPhone: Walter Isaacson, 2011, pp. 465-75.

"Isso é o futuro!": Ibid., p. 468.

"De tempos em tempos, chega um produto revolucionário que muda tudo": Apresentação de Steve Jobs na Macworld Expo.

Sobre comprar eletrodomésticos: Gary Wolf, 1996.

Sobre o iate da família: Walter Isaacson, op. cit., p. 529.

"Seu tempo é limitado": Discurso para os formandos da Universidade de Stanford.

Sobre a autora e ilustradora

Jessie Hartland é autora e ilustradora da aclamada graphic novel biográfica *Bon Appétit: The Delicious Life of Julia Child*, que o *New York Times* descreveu como "uma explosão de pinturas urbanas naïf a guache e um texto à mão que de alguma maneira consegue descrever todos os segundos da vida de Child". Suas ilustrações foram publicadas em jornais e revistas do mundo todo, incluindo *The New York Times*, *Bon Appétit*, *Martha Stewart Living*, *Real Simple* e *Travel + Leisure*. Ela também produz cerâmica e tecidos, bem como trabalha com anúncios e criação de vitrines. Mora em Nova York com a família.

jessiehartland.com

A marca FSC® é a garantia de que a madeira utilizada na fabricação do papel deste livro provém de florestas que foram gerenciadas de maneira ambientalmente correta, socialmente justa e economicamente viável, além de outras fontes de origem controlada.

Esta obra foi composta em JessieHartland e impressa pela Geográfica em ofsete sobre papel Alta Alvura da Suzano S.A. para a Editora Schwarcz em novembro de 2019